人类教育与人工智能教育深度融合，
人机协同教育成为必然趋势。

人机协同教育理论与应用

方海光 著

电子工业出版社
Publishing House of Electronics Industry
北京·BEIJING

未经许可，不得以任何方式复制或抄袭本书之部分或全部内容。
版权所有，侵权必究。

图书在版编目（CIP）数据

人机协同教育理论与应用 / 方海光著 . -- 北京 ：电子工业出版社，2025. 3. -- ISBN 978-7-121-49977-7

Ⅰ．G434

中国国家版本馆CIP数据核字第2025RZ9294号

责任编辑：仝赛赛
印　　刷：北京捷迅佳彩印刷有限公司
装　　订：北京捷迅佳彩印刷有限公司
出版发行：电子工业出版社
　　　　　北京市海淀区万寿路173信箱　邮编：100036
开　　本：720×1 000　1/16　印张：9.75　字数：234千字
版　　次：2025年3月第1版
印　　次：2025年6月第4次印刷
定　　价：39.80元

凡所购买电子工业出版社图书有缺损问题，请向购买书店调换。若书店售缺，请与本社发行部联系，联系及邮购电话：(010) 88254888，88258888。

质量投诉请发邮件至zlts@phei.com.cn，盗版侵权举报请发邮件至dbqq@phei.com.cn。

本书咨询联系方式：(010) 88254510，tongss@phei.com.cn。

前 言

人工智能技术的迅猛发展，特别是以 ChatGPT、DeepSeek 等为代表的生成式人工智能，凭借强大的自然语言处理能力、深度语境理解与自主推理能力，在教育领域展现出广泛的应用潜力。人类智能与人工智能在教育领域的深度融合已成为一种必然趋势，人机协同教育也将成为未来教育体系的重要发展方向。与单纯的人工智能辅助教学不同，人机协同教育教学强调教师、学生与机器之间的互动与协作。在这种模式下，人工智能不仅是教学工具，还充当智能伙伴、导师、助教等角色。此外，教师可以利用人工智能进行教学行为分析，减轻教学负担，最终形成师、生、机三者共生共长的人机协同教育生态。

本书汇集了作者团队多年的研究积累，系统地梳理了人机协同教育的相关理论、技术基础与实践应用等。首先，本书介绍了人机协同教育的理论基础，包括哲学定位、核心观点、主体间的关系及结构分类等内容；然后，探讨了增强人机协同教育效果的关键技术和方法，如知识图谱、垂直大模型等；接着，本书将目光聚焦于人机协同教育的实际应用，涵盖应用场景、新型双师课堂教学设计及实际案例展示等，并对其成效与面临的挑战进行了分析；最后，对教育未来的发展趋势进行了展望。

本书的完成离不开中国科学院院士张景中先生和北京师范大学教育学部黄荣怀教授的相关研究成果及深刻思想的启发，他们的学术贡献为本书的论述提供了重要的理论支持和实践指导。同时特别感谢作者团队成员孔新梅、刘慧薇、石磊、洪心、邓洋、李泽宇、舒丽丽、王显闯、张明飞参与撰写工作，感谢付艺铭、顾慧、张柯、马小勇、栗秀、郝佳欣、郭皓迪、王丹丹、卢康涵、朱婷婷、王明涛、李嘉峪、相卓、胡泓和高嘉轩等校对文字。

希望本书能为读者提供新的视角，推动人机协同教育的深入研究，进一步促进未来教育的发展。当然，本书难免有不当之处，敬请广大读者不吝赐教！

方海光
2025 年 3 月 1 日

目 录

第 1 章 人机协同教育的源起 / 001

1.1 人机协同教育的基本概念 / 001

1.2 人机协同教育的起源与发展 / 004

1.3 人机协同教育的关键技术及作用 / 007

1.4 人机协同教育的主要场景及应用 / 011

1.5 人机协同教育的机遇与发展 / 012

第 2 章 人机协同教育理论基础 / 014

2.1 人机协同教育的哲学基础 / 014

2.2 人机协同教育的重要理论基础 / 016

2.3 人机协同教育理论的定义 / 020

2.4 人机协同教育理论的基本观点 / 021

2.5 人机协同教育理论的主体关系 / 023

2.6 人机协同教育理论的任务流运作流程 / 028

第 3 章 人机协同教育理论视角 / 032

3.1 基于人机协同教育理论的历史演进视角 / 032

3.2 基于人机协同教育理论的人机关系视角 / 041

3.3 基于人机协同教育理论的结构分类视角 / 044

目录

第 4 章　人机协同教育的应用场景 / 049

4.1　人机协同赋能教学场景 / 049

4.2　人机协同赋能学习场景 / 053

4.3　人机协同赋能管理场景 / 057

4.4　人机协同赋能教研场景 / 059

4.5　人机协同赋能评价场景 / 061

第 5 章　人机协同教育教学的应用设计 / 065

5.1　从传统课堂教学走向人机协同课堂教学 / 065

5.2　人机协同教育教学的四条路径 / 067

5.3　人机协同教育教学的应用机理 / 069

5.4　人机协同教育教学的方案设计 / 075

5.5　人机协同教育教学的应用案例 / 081

第 6 章　人机协同教育的应用技术 / 089

6.1　智能教育机器人赋能人机协同教育 / 089

6.2　知识图谱驱动人机协同教育 / 094

6.3　通用大模型增强人机协同教育 / 098

6.4　垂直大模型支撑人机协同教育 / 103

第 7 章　人机协同教育教学的应用案例 / 107

7.1　人机协同课堂教学实践：探索人与智能教育机器人的"对话交流"原理 / 108

7.2　人机协同课堂教学实践：My favorite season / 114

7.3　人机协同课堂教学实践：因数与倍数 / 118

7.4　人机协同课堂教学实践：六月二十七日望湖楼醉书 / 122

7.5　人机协同课堂教学实践：My Favorite Animal / 128

第 8 章 人机协同教育的未来展望 / 134

8.1 人机协同教育的未来新生态：教师角色重塑与教学模式的创新 / 135

8.2 人机协同教育的未来新生态：学生学习模式与学习路径的创新 / 139

8.3 人机协同教育的未来新生态：教育评价过程与体系重构的创新 / 141

8.4 人机协同教育的未来新生态：教育治理转型与决策智能的创新 / 144

第1章 人机协同教育的源起

1.1 人机协同教育的基本概念

从 20 世纪至 21 世纪,计算机技术实现了高速发展,笔记本电脑与移动设备逐渐普及,为教育领域构筑了新的技术支持环境。与此同时,伴随人工智能(Artificial Intelligence,英文缩写为 AI)技术和互联网的迅猛发展,信息获取与分享愈发便捷且趋于全球化。教育者和学生能够轻松获取来自世界各地的教育资源和最新研究成果,这为教学内容的更新及教学方法的创新提供了极大便利。面对全球化和技术革新所带来的挑战,社会对教育质量和效率的要求不断攀升,传统的单一化教学模式已难以满足多样化的学习需求。因此,教育领域迫切需要更加灵活和创新的教学方式,以培养学生的综合能力和适应能力。在科技进步、教育理念转变和社会需求提升的共同驱动下,人机协同教育应运而生,它通过提供智能化的学习支持和教学工具,有效提升了教学效率和质量,为教师实施多样化教学提供了有力支撑,同时也为学生带来了更优的学习体验和更好的成长机会。

1.1.1 协同与人机协同

协同(synergistic)一词源自古希腊语,蕴含协和、同步、和谐、协调、协作、合作的意思,其本义为协调、同步、和谐。协同作战的理念在中国古代战场上亦有所展现,汉语中的"协同"一词,乃是"协作"和"协调"相结合的产物,意谓多方合作、共同努力以达成共同目标的过程或状态。1971 年,德国物理学家赫尔曼·哈肯率先提出协同概念,他认为整个环境中的各个系统间存在相互影响而又相互合作的关系。"协同"一词的本义是指多个个体或实体在共同的目标或任务下合作、协同努力。这种合作可以发生在个人、团队、组织乃至全球范围内,通常涉及不同的专业背景、技能或资源,旨在获得比单一努力更为高效或更大规模的成果。譬如，艺术家、作家、音乐家和文化工作者可以在一些项目中开展协同合作，创作跨界的作品或活动，如合作展览、文化节庆等活动，凭借跨界的协同合作，艺术和文化领域的创作与表现形式得以丰富。通过协同合作，能整合各方资源和能力，不断推动社会、经济和文化的发展与进步。

协同同样可以涉及资源、知识和信息的共享与交流，通过合作、共享这些要素，能够实现更优效果。在教育领域，教师和教育工作者可以共享教学资源、课程设计方案和教学方法。这种协同有助于提升教学质量，节省教学准备时间，进而使优秀教育资源惠及更多的学生。例如，一些在线平台，如国家中小学智慧教育平台、Coursera 和 edX 都支持全球教育资源的共享。因此，协同不仅仅意味着简单的合作，更强调通过合作实现创新和提高效率的过程。这种协同合作促进了教育资源的优化配置，为教育的普及与发展注入了新的活力。

协同与协作、合作、融合虽均涉及不同个体、团队或组织间的互动与合作，以实现共同目标或利益，但它们之间存在显著差异。协同侧重于多方面的合作与协调，它强调通过整合各方专长和资源，达到更优的效果；协作侧重于共同目标下的行动协调与资源共享；合作则侧重于为了共同利益而进行的有组织的活动或建立的关系；融合则更侧重于不同事物或元素在组织、文化或技术层面的结合与整合。

协同的概念可以追溯到工业革命兴起时期。彼时，协同具有更深的含义，它不仅涵盖人与人、不同子系统之间的协作，还涉及不同数据资源、应用情境及人与机器之间的全方位协同。人机协同已成为新的生产方式与智能时代发展趋势。人机协同是人与机器竞争与合作的创序过程，即人与机器协同趋向理想目标，朝有序方向发展的动态过程[①]。

人机协同的概念可以追溯到计算机技术的发展初期，特别是在人工智能和人机交互领域的探索进程中。随着计算能力的提升和人机交互技术的进步，人们开始探索如何通过人与计算机系统的协同合作来提高任务完成的效率和质量。人机协同的本质在于其协同性，它强调人与计算机系统之间的紧密互动与合作。这一过程并非简单的指令传递与数据处理，而是复杂的信息交换、决策支持及共同的问题解决过程。通过人机协同，人类可以利用计算机系统的计算能力、信息处理

---

① 祝智庭，戴岭，赵晓伟．"近未来"人机协同教育发展新思路 [J]．开放教育研究．2023，29（05）：4-13．

能力和自动化执行能力，共同完成需要处理或分析复杂数据的任务。此外，设计有效的人机交互是人机协同的关键，以便人类能够与计算机系统进行高效的交流和互动，从而实现有效的协同工作。在工业时代，人机协同是指人与机器各司其职、优势互补、共同感知、共同思考、互相理解、互相制约的过程。强调人与机器在劳动层面的协作关系，更多体现为人机从属关系，属人与物的协同范畴[①]。计算机出现后，人机协同在感知、决策等方面发挥作用，如专家系统通过模拟人类专家决策过程实现推理判断。随着人工智能技术的兴起，人机协同中的"机"已不限于计算机，涵盖智能感知、元宇宙等多种先进技术（含计算机）。随着人工智能、机器学习、自然语言处理等技术的快速发展，人机协同的应用范围与能力持续扩展。例如，在智能系统和机器人领域，人机协同已成为实现更高效、更精确任务执行的重要手段。人机协同的应用不仅限于科学研究和技术开发领域，亦广泛渗透至医疗、教育、工业生产、金融等多个行业。例如，在医疗影像分析中，人机协同可助力医生提升诊断的准确性和速度。人机协同作为人类技术进步的一部分，正不断拓展其应用领域与深度，对人类社会的各个方面产生着深远的影响。

1.1.2 人机协同教育教学

随着社会的发展，教育必须适应新的需求，致力于培养具备全球视野并能灵活应对未来社会变化的创新人才。传统教学模式的局限性日益凸显：难以有效满足学生的个性化学习需求，难以实现教学过程的精细化管理和评估，且高度依赖教师资源，面临着创新性不足和学生个性化发展受限等严峻挑战。随着数字技术和人工智能的快速发展，教育领域逐渐意识到只有深度融合教育和科技，才能确保人才的全面发展和持续创新。此外，技术的进步不仅提供了算力和数据分析方面的支持，还使得个性化教育成为可能，从而引发了人机协同教育教学的兴起。

人机协同教育教学的起源可以追溯到 20 世纪 70 年代至 80 年代，这一时期，计算机技术在教育领域的早期应用成为关键。一个著名的案例是 PLATO 系统（Programmed Logic for Automatic Teaching Operations）。PLATO 是全球首个成功的计算机辅助教学系统，由伊利诺伊大学厄巴纳香槟分校的计算机辅助教育中心

---

① 方海光，孔新梅，李海芸，等. 人工智能时代的人机协同教育理论研究 [J]. 现代教育技术，2022，32（07）：5-13

于 20 世纪 60 年代末开发，后于 20 世纪 80 年代及 90 年代早期成为广泛应用的教育技术平台。PLATO 系统通过网络连接的终端提供了多种学习应用，包括编程教育、数学、科学、语言学习和课程评估。该系统允许学生依据个性化学习节奏推进学习进程，并在学习过程中获取实时反馈。尽管当时的计算能力和互联网技术相较于今日显得颇为有限，但 PLATO 系统为后续人机协同教育教学的发展奠定了技术和理论基础。

目前，人机协同教育教学是指通过整合人类教师的教学经验与计算机的智能化辅助工具，为每位学生量身定制学习路径，给予实时反馈和个性化支撑，以提高教育效果、促进学习公平和扩展教育资源的普及性。人机协同的教学模式不仅推动了教育方法和工具的创新，而且为全球教育体系的进步与发展开辟了新的路径与可能性。

日益全球化使得教育面临跨文化、跨地域的挑战与机遇并存的局面。在线学习平台的普及和发展，尤其是全球大规模开放在线课程（MOOCs）的兴起，加速了人机协同教学的深度演进，促使教育资源与技术得以更广泛地传播与分享。各国在教育改革中普遍面临提高教学效能的挑战。人机协同教学的引入，不仅能够提升教育的普及性和公平性，还能够提高教学效果和学习成效，帮助教育系统更好地应对现代社会和经济的需求变化。随着技术的不断进步，当今的人机协同教学已不再局限于传统的计算机辅助教学，还涵盖更为复杂且具有智能化特征的教育软件、虚拟实验室、在线学习平台及个性化学习系统。此外，它还进一步扩展至人工智能支持的跨学科学习、探究式学习和项目式学习等，这些都是人机协同教学发展历程中的重要里程碑。

1.2 人机协同教育的起源与发展

从历史发展来看，计算器没有取代数学家，而是提高了他们的计算能力，使他们更有效率；文字处理器、智能写作软件也没有取代作家，而是为他们提供更大的便利。人机协同教学不仅用机器赋能教师教学，而且有助于学生完成高质量的学习，使人类教师和机器共同为学生提供完善的服务[①]。因此，随着人工智能

---

① 陈凯泉，韩小利，郑湛飞，等. 人机协同视阈下智能教育的场景建构及应用模式分析——国内外近十年人机协同教育研究综述 [J]. 远程教育杂志，2022，40（02）：3-14.

技术的不断演进，机器所承担的职责也在发生变化，逐步支持并妥善完成了传统上由教师承担的简单的或重复性的任务。这一变革使教师能够将更多的精力投入更高阶、更复杂且更具创造性的教学活动中，从而更有效地促进学生的个性化发展和成长。

人机协同教学的发展可以分为几个阶段，每个阶段都伴随着教育技术和人工智能技术的进步，以及教育模式和教学方法的改进。

1.2.1 起步阶段：教育技术的萌芽

历史进程中，每次新技术的出现都会引发人们对运用技术改变教育现状的无限憧憬[①]。人机协同教学的起步阶段发轫于计算机技术在教育领域的初步应用。1946 年，第一台电子计算机 ENIAC 诞生，1977 年，第一台微型计算机问世，标志着人类社会正式迈入信息时代。计算机的出现对社会各个领域都产生了深远的影响，教育领域自然也不例外。自 20 世纪 70 年代中期起，计算机便开始在教育领域发挥重要作用。计算机技术与教育的结合，促使教育界积极探索如何有效整合计算机技术，以期增进教学效果，推动教育现代化的进程。在此阶段，主要集中于基础设施建设和教育软件的开发，旨在辅助传统的教学方式。计算机辅助教学（CAI）和多媒体教学（MMT）被视为初步尝试的重要成果，其通过数字化内容的引入和互动式学习工具的应用，致力于优化学生的学习体验和教师的教学效率。早期的 CAI 系统主要侧重于基础学科（如数学和语言）的教学，这些系统通常由预先编排的课程内容和练习组成，通过计算机程序管理学生的学习进度，旨在支持个性化学习过程。在多媒体教学的探索中，教育者开始运用计算机，结合音频、视频和图像等多种媒体形式，以强化教学内容的呈现效果和学生学习体验的深度。这一时期的研究重点在于评估多媒体教学对学习成绩和学生参与度的影响，探索如何最大化多媒体技术的教育潜力。

人机协同教育的起步阶段标志着教育技术在教学实践中的初次应用，这为后续更高级的教育技术开发奠定了根基。

1.2.2 发展阶段：在线学习和智能教育系统

21 世纪以来，随着宽带网络的普及与移动设备的广泛应用，互联网已深度

---

① 祝智庭，戴岭，赵晓伟."近未来"人机协同教育发展新思路 [J]. 开放教育研究. 2023，29（05）：4-13.

融入人们的日常生活。与此同时，社交媒体、电子商务、云计算、物联网等新兴技术的不断融合，进一步推动了互联网的创新与发展，并在教育领域产生了深远的影响。在这一背景下，教育领域涌现出大规模在线开放课程（MOOCs），以及众多在线学习平台和教育资源网站，实现了教育资源的全球化。教育界凭借互联网技术，构建了基础性的在线学习平台，为学生和教师提供了更为丰富多样的教育资源与学习机会。

此外，引入机器学习和数据分析技术的智能教育系统，开始初步实现个性化学习路径的定制。这些系统根据学生的学习数据和行为模式调整教学内容和进度，提高了教学的效率和个性化水平。

1.2.3 当前深化阶段：深度的个性化与智能化教育

随着人工智能和大数据技术的持续演进，教育系统正逐步向智能化迈进。人机协同教学引入了个性化学习路径、自适应评估和智能辅助教学功能，使教育更加灵活和有效。此外，人工智能技术的不断进步推动了智能教育系统向深度学习领域的转型。通过采用更为复杂的算法与模型，智能教育系统能够为学生提供更加精准且深入的个性化学习支持。利用虚拟实验室与增强现实技术，人机协同教学为学生营造出更为生动且安全的学习环境，有力地辅助学生在实验与实践中的探索与学习。

当前，人机协同教学领域涌现出众多教学应用实例。例如，纽约的 Knewton 智能教育平台。此平台运用自适应学习算法和大数据分析，为学生定制个性化学习路径。它能够精准剖析学生在各学科中的优势与短板，进而动态调整教学内容与练习，以期最大限度地提升学习效率与成绩。DreamBox Learning 是一款专为幼儿园至八年级学生设计的数学个性化学习软件。该软件根据每位学生的学习进度和理解能力，提供定制化的数学课程和练习，帮助学生在数学学习中取得更好的成绩。在线学习平台（如 Coursera）利用机器学习算法和用户数据分析，为学生推荐适合他们兴趣和学习风格的课程。这种个性化推荐系统帮助学生更高效地选择和完成他们的学习目标。此外，国内的一些学校和教育机构正在研发并启用智能辅助教学系统，这些系统融合了虚拟实验室、自动评估和个性化反馈机制。例如，在一些科学课程中，学生可通过虚拟实验室进行实验操作，系统则通过实时数据的分析，为学生提供即时反馈与专业指导。

这些实例充分彰显了人机协同教学在利用智能化技术提升教学效果与学生体验方面所取得的显著进展。随着技术的持续进步与教育需求的不断变化，未来可看到更多富有创新性的应用，进一步推动教育向个性化、智能化与全球化方向蓬勃发展。

1.2.4 未来发展阶段：智能化教育生态系统

未来，人机协同教学有望进一步融合虚拟现实、人机交互、自然语言处理等新技术，构建出一个更为智能且高度自适应的教育生态系统。此外，人机协同教学将整合人类教师和先进的人工智能技术，通过个性化学习和智能辅助系统，为学生提供定制化的教育体验。这一模式将通过数据驱动的个性化教学、虚拟现实和增强现实技术的应用及实时反馈机制，促进学生的个性化成长和全面发展，为教育领域带来更高效、更具包容性和创新性的解决方案。

综上所述，人机协同教学经历了从技术萌芽到智能化发展的多个阶段，未来，它将在技术创新与教育实践的双重驱动下持续发展与演进。

1.3 人机协同教育的关键技术及作用

1.3.1 大数据技术及作用

大数据技术在人机协同教学中发挥着关键作用，它主要通过收集、处理和分析大量的学习数据，优化教学过程，提升学习效果和个性化教育质量。大数据技术在人机协同教学中的应用主要体现在以下几个方面。

（1）精准教学

利用大数据技术，教师可以更好地了解学生学情，重构教学流程，实现精准施教。例如，浙江省教研室推广基于大数据的精准教学，通过大数据平台建设、精准施教、个性化学习等研究框架，有效提升了教学质量。

（2）制定个性化学习路径

大数据技术可以助力学校为学生规划个性化的学习路径。例如，首都师范大学附属中学通过大数据和人工智能技术，实现了随堂练习、课后作业、测验联考等多场景下学业数据的采集，生成了个性化学习手册，有效提升了学生的学习效果。

（3）支持教研活动

大数据支持下的教研活动，可以帮助教师基于数据进行研讨，提高教研活动的有效性。例如，浙江省通过区域精准教学研究共同体整体推进教研活动，通过大数据平台进行各学科教研，提高教学质量。

（4）教育管理与决策

大数据技术可以提高教育管理水平，促进管理模式的数字化转型。例如，北京联合大学利用大数据服务平台开发了"统计报表""接诉工单"等应用，实现了学校治理精准化、精细化。

（5）教学资源共建共享

大数据技术有助于优质教学资源的共建、共享，促进教育公平。国家智慧教育公共服务平台的上线，是我国教育资源大数据平台建设的重要里程碑，推动了教育数字化转型。

（6）学生学习行为分析

通过分析学生在线学习过程中产生的数据，可以了解学生的学习行为，优化教学平台。例如，首都师范大学附属中学进行了线上教学平台学生学习行为数据采集，实现了线上教学平台学生行为数据分析结果的可视化，为精准化教学和个性化学习奠定数据基础。

（7）教育评估与评价

大数据技术可以丰富教育评估方式，促进过程性评价与总结性评价相结合。通过大数据技术，可以分析学生的学习过程和成效，优化评价方式。

（8）学生管理

教育大数据可以为学生管理提供支持，实现对学生的精准化管理。例如，学校可以利用大数据为每个学生建立纵向成长记录单，追踪学生的整个学习生涯。

大数据分析在人机协同教学领域的广泛应用，不仅能够优化个性化学习体验和教学效果，还能支持教育管理和决策的科学化和精细化，推动教育领域的创新和进步。随着技术的进一步发展，大数据将在人机协同教学领域扮演更加关键的角色。

1.3.2 人工智能技术及作用

人工智能是一种模拟人类智能的技术，目的是让计算机像人类一样进行学习、推理、感知、理解和创造等活动。近年来，人工智能技术已经在各个领域取得了显著进展，包括自然语言处理、计算机视觉、机器学习等。人工智能技术在教育领域的应用为人机协同教学提供了强大的技术支持和创新支撑，催生了更为智能化、个性化且高效的教学解决方案。通过人机协同，教育者和学生能够更好地利用先进技术来增强学习过程中的交互性、参与度和成效，推动教育的现代化和全球化发展。

人工智能在教育领域的应用技术涵盖图像识别、人机交互、自然语言处理、机器学习、深度学习等诸多方面。通过图像识别等技术，人工智能能够高效地将教师从重复性、大批量的作业批改与试卷评阅工作中解放出来，实现快速、精确且高效的作业与试卷处理，并依据作业结果实施智能评估，生成个性化反馈；运用语音识别和自然语言处理技术，人工智能不仅能在英语口试测评中辅助教师，还能有效纠正并改进学生的英语发音及语言表达；利用人机交互技术，人工智能可以协助教师为学生在线答疑解惑。例如，2016年媒体曾报道，美国佐治亚理工学院的机器人助教代替人类助教与学生在线沟通交流。

此外，多家公司依托人工智能技术，开发出了多种终端智能教育产品。如科大讯飞的系列学习机、首都师范大学的智能教育机器人小娜等。科大讯飞的系列学习机配备了丰富的学习资源库，学生可以通过语音、触控等多种方式与设备互动；学习机能够评估学生对于特定知识点的掌握程度，并据此提供定制化的学习内容；同时，学习机内置的智能辅导系统可以根据学生的学习行为和成绩，提供个性化的辅导和建议。科大讯飞的系列学习机通过上述功能，成功为学生提供了一对一、个性化且互动性强的教学服务。首都师范大学教育学院的方海光教授及其团队，在人机协同教学的理论与实践方面进行了深入探索与研究，并成功研发了智能教育机器人小娜。在智慧校园应用场景中，小娜充分展示了其在教育领域的潜力。在人机协同课堂中，小娜被设定为课堂助教，以对话交流形式参与部分知识讲解和师生互动环节。例如，在初中AI社团课上，小娜通过成语接龙游戏与学生互动，不仅增强了学生的体验感，还引导学生对相关问题进行深入思考。智能教育机器人小娜不仅能在课堂教学中发挥作用，还能够支持教师进行精准教学，规划学生的个性化学习路径，充分展示了人工智能技术在教学服务中的实际应用成效。

近年来，随着人工智能技术的飞速发展，尤其是生成式人工智能（AIGC，

Artificial Intelligence Generated Content）的兴起，教育领域正在经历重大变革。AIGC 通过深度学习和自然语言处理技术，能够自动生成文本、图像、音频甚至视频，这一特性为教学的创新提供了无限可能。例如，通过分析学生的答题情况和理解能力，AIGC 可以自动生成个性化的练习题、解释文本或复习材料。这种内容的个性化定制有助于提高学生学习的针对性和效果。在传统课堂中，教师往往无法实时根据每个学生的反馈调整教学，而 AIGC 能够通过大数据分析和智能算法，为每个学生提供即时的学习反馈，根据学生所做习题的错误类型、学习进度、参与度等参数，自动调整教学策略和内容，帮助学生在学习过程中获得及时、准确的反馈，并做出必要的学习调整。在传统教学中，教师备课时需要花费大量时间制作教学材料和课件。而 AIGC 可以自动生成多种形式的教学资源，如文字讲义、教学视频及微课等，极大地减轻了教师的工作负担。教师可以在 AIGC 生成的内容基础上进行适当的修改和补充，使教学资源更加丰富、灵活，以满足不同学生的需求。AIGC 不仅可以生成常规的教学内容，还能够帮助教师设计富有创新性的交互式教学活动。基于自动生成的富有创意的任务和问题，教师可以设计出更具启发性和挑战性的教学场景，激发学生的学习兴趣和创新思维。比如，AIGC 可以帮助创建情境式教学内容，让学生在互动的过程中主动学习。AIGC 还可以通过自然语言处理技术生成智能问答系统，为学生解答疑问。例如，学生在学习过程中遇到问题时，可以通过与 AI 助手的对话获得即时的解答，甚至是深层次的解释和扩展。这种智能辅导系统可以在教师不在场的情况下为学生提供持续的帮助，提高学生学习的自主性和灵活性。

当前，最新的人工智能技术在人机协同教学中的应用正深刻改变着教育的面貌，使教学更加贴合学生的个性化需求，显著提升学生的学习效率，同时推动教育创新，有效促进教育公平。

1.3.3 其他新兴技术及其作用

在人机协同教学中，增强现实、数字孪生等新兴技术能够为学生提供沉浸式和交互式的学习体验，通过将虚拟信息叠加在现实世界场景中，增强学生对复杂概念的理解和记忆；在增强学习内容方面，开发者将静态的学习材料（如书本和图片）转换为动态的，提供互动性的学习体验。例如，在历史课程中，通过增强现实技术重现历史场景；在地理课程中，构建地球模型。这些都能帮助学生更深刻地理解和记忆抽象概念。利用 AR 技术，学生可以通过虚拟实验室进行科学实验或者通过虚拟旅行体验实地探索，无需实际设备或旅行成本，这是一种安全且经济的学习方式。

数字孪生技术通过创建物理实体的虚拟副本，为教师和学生提供一个安全的虚拟环境，使他们能够在其中开展模拟实验，进行各类精细操作。这一技术的应用，极大地增强了教学的互动性、实践性和灵活性，并且有效促进了学生批判性思维和问题解决能力的提升。这些创新应用不仅极大地丰富了教学手段，还为实现个性化学习、提升教育质量和教学效率，以及推动教育模式的革新与发展做出了重要贡献。例如在教育中，建筑结构、机械设备或生物系统等的虚拟模型可以用于实践性学习和实验室教学，为师生营造安全、可控的学习环境。此外，数字孪生技术能够模拟多学科的复杂系统和相互作用，促进跨学科教学和学生综合能力的培养。

新兴技术在人机协同教学中的应用不仅扩展了传统教学的边界，还为学生提供了更加灵活和个性化的学习体验，推动了教育模式和方法的进步与创新。

1.4　人机协同教育的主要场景及应用

人机协同教学广泛应用于不同教育层级和多元教学场景中。人机协同教学在教学场景中通过整合人工智能与虚拟现实技术，提供个性化学习体验和智能化教学支持。这一教学模式不仅促进了教学质量的显著提升，还极大地增强了学生的参与度和学习效果。同时，人机协同教学优化了教育资源管理流程和课程设计架构，使得教育朝着更加智能、灵活的方向稳步迈进。

在教学方面，人机协同教学利用智能教育软件和虚拟现实技术为教师和学生提供互动式学习体验。利用 AR 技术，智能教育软件可以让学生通过手机或头戴式设备投身虚拟实验室开展实验，如化学实验或生物学观测，从而在安全可控的环境中进行科学探索。

在学习方面，学生可以通过人机协同教育系统获取个性化的学习资料和任务，以 Khan Academy、Coursera 等智能教育软件为例，这些平台利用机器学习算法分析学生的学习模式和进度，为他们推荐适合的学习资源和练习题目，帮助他们更高效地学习。

在管理方面，教育管理者可以利用人机协同教育系统进行教育资源管理和课程规划。例如，学校管理系统（如 Canvas、Moodle）融入 AI 分析功能，辅助管理者优化教学资源的分配，提升课堂效率和学生参与度。

在教学研究方面，人机协同教学为教育研究提供了数据驱动的平台。例如，研究人员可以对学生的学习数据进行分析，探索学习过程中蕴含的模式与影响因素。此外，虚拟实境和数字孪生技术在教育研究中也有应用，如模拟教室环境以评估不同教学方法的实施效果。

在教学评价方面，人工智能技术在人机协同教学中扮演着重要角色，如支持智能化评估等。例如，智能教育软件可以分析学生的作业和测验结果，自动化地评估学生的学术表现和进步态势，并向教师反馈，帮助他们调整教学策略。

在育人方面，人机协同教学不仅关注学术知识的传授，还注重学生综合素质的培养。例如，虚拟实境和 AR 技术可以帮助学生锻炼解决问题的能力与团队协作技能，通过模拟真实场景培养学生的应变能力和创新思维。

人机协同教学在不同教育场景中的应用彰显出其在提升教学质量、推进个性化教育、驱动教育科研创新及助力学生综合能力培养等方面的潜能和实际成效，为教育体系的现代化转型和未来发展打开了新的可能性。随着技术的进步和教育理念的革新，这些应用必将持续推动教育领域的变革和进步。

1.5 人机协同教育的机遇与发展

人机协同教学作为一个整合人工智能、机器学习及人机交互等前沿技术的新兴领域，为教育创新提供了广泛的机遇，同时带来诸多挑战。应用 AI 技术，人机协同教学能够实现个性化教育和智能化辅助教学，为学生规划个性化的学习路径，提供定制化的教育体验。此外，人工智能技术还能够助力教师在课堂管理、内容生成及学习评估等方面优化工作流程，提高教学效率和质量。

然而，人机协同教学面临一些核心挑战与难题，主要包括教育数据隐私保护、技术应用的教学效果验证，以及技术与教学方法的深度融合等。特别是在教育数据的收集和分析过程中，隐私泄露和数据安全问题已成为亟需解决的关键挑战之一。此外，如何确保 AI 技术在教育中的有效应用，并实现技术与教学方法的协调与融合，同样是当前必须通过的重要关卡。

未来，人机协同教学有望通过进一步深化人工智能技术与教育实践的结合，实现更高效的教学管理，提供更加个性化的学习体验。随着技术的进步和应用场景的扩展，AR（增强现实）、VR（虚拟现实）、数字孪生等新兴技术将为人机协同教学带来新的发展机遇，推动教育从传统的一体化到智能化、虚拟化的转型。同时，跨学科研究和国际合作将进一步推动人机协同教学在全球范围内的广泛普及与应用，为提升教育公平和教育质量做出积极贡献。

　　同时，我们也要看到其发展的阶段性、人文性和伦理道德等一系列问题和不足。为了更好地应用和把握这一新型教学模式，我们应当积极探索，不断创新，从而为实现更高质量的教育筑牢根基，觅得行之有效的应对策略。

实践参考

扫码查看

第 2 章　人机协同教育理论基础

2.1　人机协同教育的哲学基础

人工智能时代的人机协同，作为一种新兴的人机交互模式，不仅是技术实践的前沿，也成为哲学研究的重要科技对象。人机协同的实践正在重塑我们的社会生态，解构和重构传统的主客体关系、系统结构及社会价值观念，从而催生了一系列新的概念框架。本研究从人机协同的本体论、认识论和价值论三重维度，对人机协同的哲学基础进行探讨，如图 2-1 所示。

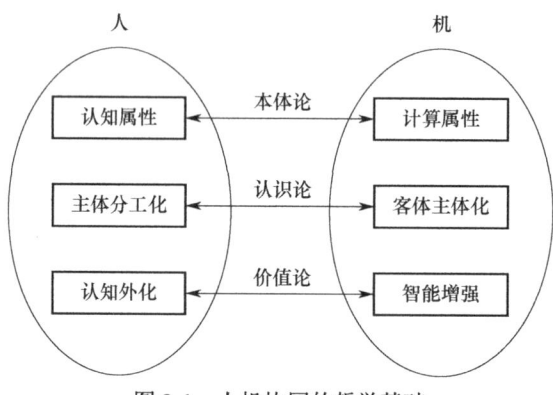

图 2-1　人机协同的哲学基础

2.1.1　人机协同教育的本体论基础

在人机协同过程中，实际行为的产生并非仅依赖"机"作为硬件的"物理系统"（由硬件设备、仪器等实体组成的系统），还有作为变换和存储的"信息系统"（收集、处理、传输和利用信息的系统）来驱动。人与机的协同本质上是通过信息的交互来共同完成任务，这就是人机协同的本体论基础。人机协同中的"机"是基于知识库和逻辑规则生产知识的一种计算系统，其中的逻辑规则是基于大数据及其模型,将事物发生的过程量化和简化,但其还无法理解我们人类的情感、直觉等非理性因素;而人类具备道德伦理判断能力,能够在各种情况下综合考虑,这是我们独有的能力。"机"可以延伸人类的记忆、运算等能力,人可以拓展"机"设定的目标,增强"机"运用多重经验决策的功能。人工智能时代,"机"与人发生有效协同,从而构成复杂的智能系统。

2.1.2 人机协同教育的认识论基础

为了深入理解世界并推动科学的发展,需要将物质的物理属性与哲学领域的精神意识区分开来,也就是说,要区分事物本身和我们对事物的认知。人类以拥有自由意志和能开展意识活动为显著特征,在社会实践中始终占据主导地位。在哲学领域,我们通常认为"物"是被动的客体,而不是主动的主体。在人工智能时代,当机器被赋予智能和智慧后,知识的创造和获取就不再只是人类单方面的行为,而是人与机器共同推理、计算的结果。这种合作模式使得原本作为客体的机器转变为具有一定主动性的主体,实现了从客体到主体的转变,即客体主体化。根据耗散结构理论,人类和机器这两个主体之间会不断地进行物质和能量的交换。在人机协同教育系统中,系统的状态会随着参数的变化而远离或接近某个临界点,从而形成新的状态,并且在这个过程中保持一定的有序性。

2.1.3 人机协同教育的价值论基础

人与机器彼此协作,相互促进,形成了一种正向的反馈循环。在这个循环体系中,人机协同教育系统能够承担一些原本需要人类完成的工作,这样节省了人类的时间和精力,让人类能够将这些宝贵的资源投入更有创造性的任务中去。同时,人类也在不断地推动机器智能的发展,将自身智慧赋能于机器,使之转化为机器的能力,这样不仅提升了机器的智能水平,也进一步解放了人类,让我们能够专注于那些需要深度思考和创新的工作。人机协同教育系统所蕴含的个体价值会加速社会文化价值的生成,是知识外化的路径之一。作为工具,机器的作用远不止于减轻我们的认知负担和提升学习效率,它还能够连接不同的个体,助推跨学科和跨领域的合作,这对于推动社会的协调发展具有重要意义。通过人机协同的方式,我们不仅能够提高工作效率,还能促进知识的交流和创新,推动社会向更加和谐、高效的方向发展。

2.2 人机协同教育的重要理论基础

人机协同教育的重要理论基础主要包括系统论、协同理论、分布式认知理论、信息加工理论和具身认知理论。

2.2.1 系统论

系统论是由美籍奥地利生物学家、哲学家贝塔朗菲（Bertalanffy）在20世纪30年代提出的，它提供了一种全面审视事物的方法。它主张一切事物皆构成系统，每个系统之间既相互独立又相互联系，存在于更大的系统中。系统由多个要素组成，这些要素相互作用，使系统形成了独特的内部结构和功能。系统论强调系统的整体性、动态性和开放性，并认为系统的发展和变化是持续的，其核心内容包括以下几个方面：①把研究和处理的对象当作一个整体或系统加以考察；②所指的系统不是要素的简单相加或机械组合，相反，每个要素都在系统中处于特定的位置；③每个要素不仅发挥着自身独有的功能，还在与其他要素交互的过程中促使系统实现新的功能，协同达成整体大于部分之和的效应。[1]

从系统论的视角分析人工智能，我们认识到在模拟人脑的过程中，不应忽视人的整体性。虽然大脑是关键的组成部分，但人的智能并非仅由大脑产生。相反，人的智能是人类作为整体系统的功能体现，涉及身体、情感、社会互动等多个方面。这一认知强调了在人工智能的发展进程中，需要更全面地考虑人的系统特性，以达成更接近人类智能的综合模拟效果。

2.2.2 协同理论

协同理论，也被称作协同学，是由德国物理学家赫尔曼·哈肯（Hermann Haken）提出的一种多学科交叉的理论框架，该理论主要关注的是复杂系统中各个组成部分如何通过相互作用产生全新的、有序的宏观结构和行为模式。协同理论广泛涉及各种自然和社会系统，涵盖物理、化学、生物学和经济学等多个领域，是探究复杂性科学的一个重要工具。在协同理论中，协同效应是一个关键概

---

[1] [美]冯·贝塔朗菲.《一般系统论：基础、发展和应用》[M]. 林康义, 魏宏森, 译. 北京：清华大学出版社, 1987.

念，它阐释了系统内部各个子系统通过相互作用而产生的整体效果超过单个子系统效果之和，即系统行为不是由单个部分的简单叠加产生的，而是各部分之间相互作用的结果。伺服原理和自组织原理是协同理论中的重要概念，伺服原理指出，在复杂系统中，关键变量（序参量）控制着系统行为，而其他变量受其影响。系统不稳定或接近临界点时，序参量的细微变化可引发系统剧烈变化。序参量表征着系统整体状态，其变化导致系统结构改变。自组织原理说明，系统内部子系统无需外部指令，仅凭相互作用便能自发构建有序的宏观结构。

协同理论对于理解人机协同复杂系统有着深远的意义。在人机协同系统中，人与机器不再是单纯的主从关系，而是通过深度的交互和协作形成了一种新的协同关系。当系统受到外部信息冲击或外部能量的驱动时，人和机器可以通过自组织的形式推动系统内部达成深度协同，进而催生新的有序结构和行为模式。这种自发的协同不仅强化了系统的适应性和创新性，而且提高了系统的效率和智能水平。随着人工智能技术的发展，机器将拥有更高级的自组织能力，能更准确地领会人类的意图和需求，与人类形成更加紧密的协同关系。

总体而言，协同理论不仅夯实了用以解析复杂系统动态行为的理论根基，而且提供了一种全新的视角，使我们对人机交互与协作的未来有了更透彻的洞察。随着这一领域研究的不断深入，我们有理由相信，在可预见的未来，协同理论将在更广泛的应用场景中展现出其价值，为社会的前进和科技的飞跃提供强劲动力。

2.2.3 分布式认知理论

分布式认知理论作为一种极具创新性的认知理论，打破了传统认知科学的界限，将认知的视角从单一的大脑处理过程扩展到一个广泛的系统，该系统包括人、工具、环境和文化等多个组成部分。分布式认知理论的核心观点是，认知过程不仅局限于个体的内部心智活动，还分布在个体与个体之间、人与工具的交互，以及人与环境的交互之中。艾德文·赫斯特（Edwin Hutchins）通过研究航海导航员的工作，提出了分布式认知理论，认为认知活动是多人协作、与工具频繁互动且有环境深度参与的集体性过程。这一理论突破了个体心理学的限制，强调认知的社会性和分布性。认知被视为跨越个体、工具和环境的系统性活动，涵盖信息获取、处理、存储和转移等诸多环节。这些环节可以在个体内部发生，也可以在个体间，或与外部象征系统交互过程中发生，甚至在更广泛的社会文化背景下进行。分布式认知强调认知资源的共享和利用，使认知活动得以转移和分散，不再是孤立的心智过程。

在技术日益进步的今天，分布式认知理论为阐释人工智能和人类如何更好地协作赋予了别具一格的启迪意义。随着智能化工具和系统的发展，人类的认知活动将更频繁地与这些智能系统交互，进而催生出新的认知范式。这就要求我们在设计人工智能系统时，不仅要考虑其算法和性能，还要考虑它们如何与人类用户进行有效的交互，如何融入人类的社会文化环境，以及如何影响人类的认知发展轨迹和工作方式。总的来说，分布式认知提供了一种全新的视角，帮助我们理解认知和学习，它强调了认知活动的社会性和情境性，以及工具和环境在认知过程中的重要作用。鉴于这一理论基石，我们得以更加全面地理解认知过程，并在此基础上设计出更有效的教育方法，构建学习环境。这不仅能够帮助学生更好地适应信息密集和技术驱动的现代社会，也为未来教育的发展提供了宝贵的指引。传统认知心理学与分布式认知理论的对比见表2-1。

表 2-1 传统认知心理学与分布式认知理论的对比

	传统认知心理学	分布式认知理论
关注对象	个体	共同参与认知活动的要素组成的功能系统
认知过程	内部	内部和外部
认知任务分布	内部表征	内部表征和外部表征
对学习的隐喻	知识的获得	知识的建构和意义的获得
媒介的作用	传递教学信息	认知活动的合作者
媒介是否参与认知	否	是

综上所述，分布式认知理论为我们提供了一个全面理解认知活动的框架，它不仅包含个体心智的运作机理，还涉及个体与外界的广泛互动。这种理论对我们在教育、工作、技术设计等多个领域开展的实践活动，有着意义深远的影响，它促使我们重新思考如何合理地进行设计和组织，以提高认知效率和创新能力，从而实现个体和集体潜力的最大化。随着认知科学的不断发展，分布式认知理论将继续扩展其理论边界，为认知科学的发展贡献新的理解与洞见。

2.2.4 信息加工理论

在 20 世纪 70 年代，心理学界对认知过程的兴趣愈发浓厚，正是在这样的学术背景下，罗伯特·米尔斯·加涅（Robert Mills Gagne）提出了信息加工理论。这一理论深刻地剖析了人类接收、编码、存储和检索信息的内在机理，为理解人类学习过程中的认知机制提供了扎实的理论根基。通过对学习过程的深入研究，加涅构建了一个既蕴含理论支撑，又具备技术操作性的学习框架，极大地推动了教育技术学的发展。学习与记忆信息加工模式如图2-2所示。

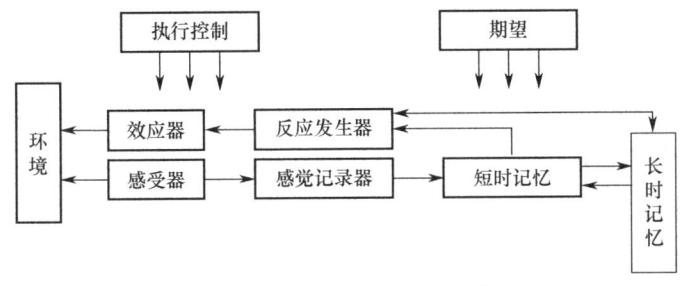

图2-2 学习与记忆信息加工模式

人类的学习过程可以大致理解为外部刺激触发人类的感觉器官后被转化为神经信号，进入短时记忆，经复述和编码加工，存储于长时记忆。信息从长时记忆中被提取并加工，被激活后传递至效应器，从而产生行动。学习动机影响信息处理效率，执行控制（如认知策略）会影响学习效率。加涅的信息加工理论提供了理解学习和认知的框架，广泛应用于教育技术领域，有助于设计出有效的教学方法。

这一理论具有深远的现实意义，它不仅推动了学习过程心理学研究的深入，也为人工智能领域带来了宝贵的启示。计算机模拟不仅限于复制人类行为，更在模拟人脑的信息处理机制方面实现了重大突破。信息加工理论的核心思想是将人脑视为一个极其复杂的信息处理系统，而计算机则在硬件架构和软件设计上竭力模仿这一系统，以提升数据处理的效能和智能化水平。

2.2.5 具身认知理论

具身认知理论是在现代心理学和认知科学中逐渐发展起来的一项重要理论范式，它反映了对认知过程的一种新颖的理解，即认知不仅仅是大脑内部的计算过程，而且是一个由身体与环境相互作用、相互影响的动态系统。其核心观点是，身体的物理特性和个体所处的物理环境对于思维过程有着决定性的作用，突出了认知的情境性，强调认知活动是在特定的环境中，通过身体与环境的互动来完成的。这种互动不仅包括感官和运动系统的参与，还包括整个生物体与环境中各种物理和社会元素的相互作用。因此，认知过程并不是独立于外部世界的抽象运算，而是身体在环境中的具体行动和经验的直接体现。

随着人工智能技术的飞速发展，具身认知理论为人工智能领域带来了新的启示，认知过程的实现离不开感知和行动的有机融合，这促使人工智能的研究开始向具身智能的方向转变。所谓具身智能是指在机器人和智能系统设计中加入对人类身体物理特性的模拟，利用传感器和执行器来模仿人类的感知和行动能力。在教育领域，具身认知理论引发了学习模型的创新应用浪潮。通过模拟实验和实际操作，学生能更深刻地理解知识，提升解决问题的能力。比如，利用虚拟现实和增强现实技术打造的沉浸式学习环境，为教育培训带来了颠覆性变革。这些技术利用身体动作和感知体验，让学生以符合自然学习机制的方式获得知识和技能。

2.3　人机协同教育理论的定义

人机协同教育理论是一种基于系统科学视角的教育理论，它认为教育是一个由人类子系统（如教师、学生等）和机器子系统（如智能教学系统、学习平台等）组合而成的多层次、多维度的复合型智能系统。[①] 在这个系统中，人类和机器作为两个主要的子系统，通过复杂的非线性交互模式共同推动着教学过程的进行。

根据系统科学的观点，任何系统都处于其内部子系统及外部环境的交互作用与紧密联系中。[②] 人机协同教育系统也不例外，它作为一个非平衡态的开放型复杂系统，其演化的动力主要来源于两个方面：一是人类子系统和机器子系统之间的交互协作，这种交互作用促进了知识和信息的传递、共享和创新；二是人机协同教育系统与环境之间的关联互动，环境的不断变换和更新影响着人机协同教育系统中共生单元的发展方向与演进路径，[③] 理想的环境能够积极地促进人机协同

[①] 方海光，孔新梅，李海芸，等. 人工智能时代的人机协同教育理论研究[J]. 现代教育技术，2022，32（7）：5-13.

[②] 邹珊刚，黄麟雏，李继宗. 系统科学：[M]. 上海：上海人民出版社，1987：48.

[③] 方海光，孔新梅，洪心，等. 人机协同教育的发展演变、系统运作和结构类型[J]. 现代远程教育研究，2024，36（4）.

教育系统中的共生单元进行高效率和高质量的交互。

在人机协同教育理论中，人类子系统和机器子系统之间的动态交互和深度融合是实现高效教学的关键。随着机器从工具、计算机，发展到人工智能和超级智能，机器子系统的功能和性能不断提升，进而迅速影响整个系统的变化。这种变化可能导致人机协同这一复杂系统失衡，但同时为系统带来了新的变量和组织形式，进而推动人类子系统和机器子系统之间的关系发生变化。

当人和机的协同程度越来越高，协同效能也会越来越大，实现"1＋1＞2"的效果。这种协同效能的提升不仅体现在教学效率和质量上，还体现在对学生个性化学习需求的满足、创新能力和问题解决能力的培养等方面。

综上所述，我们可以把人机协同教育理论定义为一种强调人类和机器子系统之间动态互动和深度融合的教育理论，即通过优化人机协同教育系统的结构和功能，可以实现更高效、更智能的教学协作，从而推动教育事业的高质量持续发展。

2.4 人机协同教育理论的基本观点

在有效交互融合的基础上，人机协同教育理论以认知分布存储和知识流动为基本前提，各子系统将认知纳入信息加工系统，协同、有序、稳定地服务于教育大系统。

2.4.1 人机协同教育是一个系统化的协同过程

人机协同教育深植于主体与客体的交互活动之中，双方协同配合，消除子系统中的冗余成分，并基于子系统当前状态和行为所依存的环境动态调整自身的状态与行为模式，进而表现为一种系统化的过程体系。一方面，人机协同系统之间的协同合作产生序参量，决定和支配子系统的行为。根据支配效应原理，系统内部的稳定因子和不稳定因子相互影响，其中快变量跟随慢变量的变化节奏，由此触发子系统之间发生相互作用。另一方面，在复杂、开放的人机协同教育系统中，当外在能量或物质作用所形成的聚焦状态发展到特定的临界值时，人机之间协同合作、相互作用，产生整体效应，其发挥的效能不低于"人""机"单独作用时发挥的效能之和。实际上，人机协同教育的整体效能由人机各子系统独立发挥的效能和各子系统相互作用产生的协同效能共同组成。"人"系统和"机"系统交互合作过程中，以认知和计算为主导效能，协同创新，充分发挥系统内部稳定和不稳定要素的伺服作用，实现人机双向赋能。

2.4.2 人机协同教育是一个知识分布加工和共享的过程

人机协同教育是人工智能时代的一种新的教育模式。在这种模式下，智能的实现是分布式的，意味着人和机器各自的认知能力被分散存储在不同的实体中。这种分布式的认知不仅强化了个体的认知能力，而且通过共享的交互过程，促进了新知识的生成，并使信息在经过内化处理后融入个体的知识体系。"机"在此模式中不仅是工具，更是一个积极参与教育活动的主体。人与机器作为双主体，共同承担并完成更高层级的教育任务。这种协同作用不仅减轻了个体的认知负担，还促进了认知成果的巩固与留存，通过行为的交互、知识的转化、流动散播和共享机制，实现了知识的创新。

此外，随着组织结构协同需求的动态变化，无论是单独的人机系统还是复杂的人机系统都能展现出自组织协同效应。在这一过程中，控制参数对序参数起到了关键的引导作用，推动认知在分布式环境中不断螺旋上升，从而促使人机协同教育系统从低级无序状态向高级有序状态转变。这种教育模式的转变，不仅提高了教育的效率和质量，也为知识的创新和传播提供了新的可能性，是人工智能时代教育发展的重要趋势。

2.4.3 人机协同教育是一个自组织的有序发展的过程

在人机协同教育系统的开放式发展进程中，教师和学生的大脑认知资源与人工智能所蕴含的科学技术等智慧要素，通过非线性的交互模式，共同构成了一个复杂的动态系统。在这个系统中，序参量扮演着至关重要的角色，它在推动系统从无序状态向有序状态转变的过程中发挥着核心作用。当系统处于无序状态时，序参量的值为零；随着系统内部要素的流动，序参量开始发生变化；当系统达到临界点时，序参量达到峰值，此时宏观的、有序的组织结构开始实现。

在人机协同教育系统中，人与机器的状态遵循内在的规则，自发地形成特定的结构和功能，并且这些结构和功能是持续流动和变化的。在非平衡态的区域，系统与外部的智能技术设备及新型教育环境进行着非线性的信息交换。系统不断地、主动地吸收负熵流，致力于降低信息的混乱度。关联熵和运行熵越小，表明系统越稳定，并且越有可能通过有序的演化趋近平衡态。

总的来说，人机协同教育系统维持着一种动态平衡。从确定一致的目标到序参量的动态调整，人与机器各自采取行动，相互协作，最终使整个教育系统达到平衡且高效的运转状态。这种平衡不仅体现在教育过程的流畅性上，也体现在教育结果的优化上，为人机协同教育系统的发展筑牢了坚实的根基。

2.5 人机协同教育理论的主体关系

在人机协同教育理论中，人类教师与机器教师作为两大主体，形成了互补的合作关系。人类教师具备情感智慧、创造力和适应性，能够为学生提供个性化且具有启发性的教育体验；而机器教师则具备卓越的数据处理能力、持久的工作耐力和一致性，为教学过程注入效率和精准度。

这种主体关系在合作博弈的框架下得以进一步阐释。人类教师与机器教师在协同教学过程中，通过博弈来分配合作利益，解决如何协同的问题。根据教学任务的难易程度，双方可以选择一般协同任务或高端协同任务，且在不同的情境下，这些任务会取得各自的收益，同时面临不同程度的损失。

为了优化人机协同教育，双方需要根据实际教学场景来权衡教学效果和所需投入的成本之间的关系。在此基础上，可以形成多种优化策略，如根据人类教师和机器教师的收益情况来调整合作方式、提升技术成熟度、提供教师培训和支持等。

可以看出，人机协同教育理论的主体关系是一种基于优势互补和合作博弈的协同关系。通过合理的分工与合作，人类教师与机器教师可以为学生提供更加优质的教育服务，提升教学效果。

2.5.1 人类教师与机器教师特性对比

机器教师是人工智能技术的集成体，在人机协同的工作情境中，需要根据人类教师和机器教师各自的特点，对人类教师和机器教师进行合理分工。因此需要分析人类教师和机器教师分别具有哪些特性，进而找到二者的协同模式。因此，本研究从能力和性能两个维度对比了人类教师和机器教师的特征，如表2-2所示。

表 2-2 人类教师和机器教师特征对比

分类		人类教师		机器教师	
		优势	局限	优势	局限
能力	计算能力	处理数据时,融入情感和伦理考量	处理海量数据的准确性和效率低	能快速、准确地处理大量复杂数据	可能缺乏像人类一样的情感理解和道德判断能力
	感知能力	经验和情感丰富,能及时提供关心与支持	易受主观因素影响,其评价结果的客观性存疑	通过传感器等设备实时收集数据	缺乏对人类非语言信号的敏感度
	认知能力	创造性思维和直觉判断能力强	主观感受与客观事实可能存在偏差	能快速分析主体的认知和行为模式	无法像人类一样灵活应变和创新
	决策能力	教学经验丰富,面对复杂或未知情况时能做出较佳决策	个人偏见和情绪可能会导致做出的决策不够客观公正	快速准确地基于算法模型做出分析和判断	只能按规则进行简单判断
	操作能力	根据具体情况进行调整和优化,灵活性、适应性强	疲劳时,准确度易受影响	工作速度快,准确度较高,操作的数据量大	缺乏灵活性和适应性
性能	可持续性	具有自我学习和成长的能力,可以不断提高教学水平	需要休息,职业发展也受多种因素影响	能持续工作,无需休息或休假,可以长期运行	对电力和技术支持要求高,维护和升级需要成本投入
	灵活性	能够根据反馈和实践随时调整教学,可处理突发状况	受经验和知识水平的限制,可能难以应对全新的教学挑战	根据预设的程序和算法灵活适应教学场景和活动	适应能力有限,无法应对突发状况
	可靠性	能够与学生建立深厚的信任关系,提供稳定的情感支持	易受健康状况、工作压力和个人生活等因素的影响	程序正确且硬件稳定时,能持续提供服务	处理规则外的指令易受限;发生故障时,其可靠性存疑

由表 2-2 可知,人类教师与机器教师在教育领域都扮演着独特且重要的角色,二者无论是在能力还是性能方面,都展现出了不同的优势与局限。

因此,在未来的教育中,人类教师和机器教师应该充分发挥各自的优势,加强协同工作,克服各自的局限性,共同提高教育质量和效果,构建更加高效、人性化和可持续发展的教育环境。

2.5.2 以人类教师与机器教师为主体的合作博弈

博弈论由经济学家奥斯卡·摩根斯特恩(Oskar Morgenstern)和数学家约翰·冯·诺伊曼(John von Neumann)于 1944 年创立。博弈论研究的是主体行为发生直接相互作用时的决策及决策的均衡问题。博弈论的基本假设是理性的，个体能够充分认识到人们之间行为的相互作用及其可能产生的影响，并据此做出合乎理性的选择，可以把博弈论描述为分析个体在一定情形中选择策略的方法。博弈论分为合作博弈和非合作博弈两种类型，合作博弈是指双方或多方合作，各方利益都有所增加，达成双赢的效果。接下来探讨人类教师和机器教师在协同教学过程中，如何通过博弈来解决人机协同分配合作利益的问题。

人类教师以其独特的情感智慧、创造力和适应性，为学生提供个性化和富有启发性的教育体验。而机器教师则以其卓越的数据处理能力、持久的工作耐力和一致性，为教学过程带来效率和精准度。依据协同任务的难易程度，可以将其划分为一般协同任务和高端协同任务。一般协同任务是指在人机协同教育系统中，人机共生环境能够支持协同任务开展，且人类教师具备开展协同任务所需的教学能力和信息素养，为便于描述，记为 G 合作模式；高端协同任务是指在人机协同教育系统中，为支持协同任务的开展，人机共生环境需要做出一定的改变，同时对人类教师的相关教学能力和信息素养发起挑战，记为 H 合作模式。在 G 合作模式下，假设人类教师和机器教师在人机协同教育系统中协同教学的收益值分别为 A 和 B，由于双方在协同教学中，共生环境和共生单元都具备相应的条件和能力，加之 G 合作模式下协同目标的设定相对较低，这意味着双方在执行任务时面临的挑战和障碍较少，因此其损失值记为零。根据人类教师和机器教师协同的任务类型，人机两主体协同情境可以分为以下三种。

情境1：当人类教师致力于开展高端协同任务时，他们可能会发现自己现有的教学能力和信息素养尚未完全适应与机器教师的协同工作。在这种情境下，人类教师的教学设计可能不够先进，教学方法可能相对陈旧，这在一定程度上限制了协同教学的潜力与成效。为了实现与机器教师的有效合作并完成高端协同任务，人类教师需要加强自身的教学能力，并提升信息素养。这一过程可能伴随着显著的时间成本，需要教师投入额外的时间和精力进行学习和适应，并更新教学理念。在这个转型过程中，可能会产生一定的损失值，因为教师需要时间来调整和提升，而这可能暂时影响教学效率和质量。然而，随着教师能力的提升和教学理念的更新，他们将能够更有效地与机器教师协同工作，从而取得更高质量的教学成果。当人类教师成功地开展活动并产生教学效果时，这将转化为显著的收益值，记为 a，此时机器教师的收益值不变。

情境2：当机器教师致力于参与高端协同任务时，可能会遇到共生环境尚未完全适应其需求的情况。这种环境可能限制了机器教师的潜能发挥，阻碍其执行复杂教学任务。为了实现与人类教师的有效合作并完成这些高端任务，机器教师迫切需要提升技术成熟度。这一过程可能需要政策层面的支持，以确保有足够的研究和开发空间及经费的投入，用于技术的升级和优化。这些投入在短期内可能会带来一定的损失，因为需要时间和资源来推动技术的进步和环境的改善。然而，随着机器教师技术的不断成熟和环境的逐步优化，其在教学活动中的作用将变得更加显著，不仅能够提高教学效率，还能够通过个性化教学和数据分析来提升教学质量。这种正面影响将转化为机器教师的收益值增加，记为 b，此时人类教师的收益值不变。

情境3：当人类教师和机器教师都展现出对高端协同任务的积极态度，并采取相应的行动时，假设人类教师和机器教师的收益值为 c 和 d。

综上，本书构建的人机协同教育系统中人类教师与机器教师主体合作博弈模型如图2-3所示。

		主体1：人类教师	
		一般协同任务	高端协同任务
主体2：机器教师	一般协同任务	A, B	$A+a, B$
	高端协同任务	$A, B+b$	$A+c, B+d$

图2-3　人类教师与机器教师主体合作博弈模型

2.5.3　人类教师和机器教师协同教育优化策略

通过人类教师与机器教师主体合作博弈模型，可以得出人类教师和机器教师在建立协同合作关系时，要根据实际的教学场景来权衡教学效果和需要付出的成本之间的关系，从而得到人类教师和机器教师协同任务的优化策略。根据收益值 a、b、c、d 的变化，分析机器教师和人类教师在博弈过程中存在的以下六种优化策略。

策略1：当 $a<0$ 时，人类教师损失；当 $a>0$ 时，人类教师获益

当人类教师寻求高端协同任务时，存在两种情况：（1）当人类教师开展高端协同任务面临的挑战和压力比较大，需要付出大量的时间成本，且投入的精力大于人类教师常规教学所能产生的良好效果时，人类教师的损失值大于收益值，即 $a<0$；（2）当人类教师开展高端协同任务不会面临挑战，或者是人类教师开展高端协同任务所付出的成本低于人类教师常规教学所能产生的良好效果时，人类教师的损失值小于收益值，即 $a>0$。

策略 2：当 $b<0$ 时，机器教师损失；当 $b>0$ 时，机器教师获益

同上，当机器教师寻求高端协同任务时，也存在两种情况：（1）机器教师开展高端协同任务面临的挑战和压力比较大，需要付出大量成本且达成的教学效果一般时，$b<0$；（2）当机器教师开展高端协同任务不会面临挑战并可以产生良好的教学效果时，$b>0$。

策略 3：当 $c<0$ 时，人类教师损失；当 $d<0$ 时，机器教师损失

在这种情况下，人类教师和机器教师面临的挑战都很大，采取高端协同任务的意愿和行动都会对各自造成一定的损失。如果机器教师采取高端任务的行动，优化技术的成本所导致的损失比得到的收益要大，可以考虑适当扩大在一般协同层面的合作；同理，对于人类教师而言，与机器教师的高端协同任务会导致人类教师在心理、能力等诸多层面承受压力和挑战，甚至可能对教学效果产生负面影响。在这种情况下，人类教师和机器教师所处的共生环境不足以支撑双方开展高端协同任务，即 $c<0$，$d<0$。

策略 4：当 $c>0$ 时，人类教师获益；当 $d<0$ 时，机器教师损失

在这种情况下，机器教师开展高端协同任务造成的损失值要比收益值大。在综合考量下，是否投入较大的时间成本和经济成本来优化机器教师的技术成熟度，从而匹配教师的教学能力是值得考量的问题。如果损失值较大，机器教师很可能不会选择高端协同任务，开展一般协同任务是较为理性的选择。此时，人类教师面临的压力较小，可以从高端协同任务中获得较为良好的教学效果，在这种情况下，人类教师扮演着积极的角色。如果人类教师想要促成最后的高端协同合作，需要考虑从其他途径对机器教师的损失进行弥补。

策略 5：当 $c<0$ 时，人类教师损失；当 $d>0$ 时，机器教师获益

高端协同任务合作对人类教师而言，损失比收益大，而对机器教师来讲是获

益的。在综合考量下，根据实际情况判断是否可以通过教师培训、听评课等多种方式为人类教师提供帮助和服务，缩减人类教师面临的挑战，尽可能降低其损失。如果损失值较大，人类教师很可能不会选择高端协同任务。此时，机器教师面临的压力较小，在这种情况下，机器教师扮演着活跃的角色，如果机器教师想要促成最后的高端协同合作，需要考虑从其他途径或方式对人类教师的损失进行弥补。

策略6：当 $c>0$ 时，人类教师获益；当 $d>0$ 时，机器教师和人类教师均获益

在这种情况下，人类教师和机器教师选择高端协同任务的概率不同。当人类教师选择高端协同任务的概率和意愿上升时，存在两种情况：（1）当人类教师希望开展高端协同任务而机器教师不予配合时，人类教师会面临一定的损失，而损失值增加时，人类教师会倾向于选择一般协同任务来开展教学。此时会影响整体教学效果，机器教师不希望该情形发生，从而促使双方达成高端协同任务合作，保证取得更好的教学效果；（2）当人类教师和机器教师均开展高端协同任务却致使收益下降时，双方的意愿也会随之下降，此时，想要促进双方高端协同的人类教师会加大高端任务协同的力度，选择更相适应的教学目标和内容，提高合作概率。当机器教师选择高端协同任务合作的概率和意愿上升时，存在两种情况：对于想要促成高端协同任务的机器教师而言，一方面，当共生环境足够支持高端协同任务但人类教师不合作时，会产生不利影响；另一方面，当高端协同任务对于教学效果的提升没有太大帮助时，需优化教学设计和教学活动。

2.6 人机协同教育理论的任务流运作流程

人机协同的主体仅有人类和机器两类，二者的优势和工作机制各不相同。具体而言，机器智能通过计算机程序来实现，这些程序具有处理复杂数据集、识别模式和做出决策的能力。相比之下，人类智能依赖生命机体，通过知识、经验、知觉等理性或非理性逻辑与外部情境发生交互，从而产生意识和认知。[1] 二者需要通过外在的行为实现任务协同。

在人机协同的进程中，人类将自身的行为、偏好、意见和情感等转化为数据

---

[1] 申灵灵，卢锋，张金帅. 超越莫拉维克悖论：人工智能教育的身心发展隐忧与应对[J]. 现代远程教育研究，2022，34（05）：56-62.

流，并反馈给机器系统。[①] 同样地，机器的行为、性能、倾向和决策等也会转化为数据流，反馈给人类系统。数据流历经控制、传输、交互和行动等环节，使人类和机器主体实时了解对方的状态并执行相应任务，协调彼此的意图、行动和认识。这些数据流不是静态的，而是动态的、实时更新的，它们在协同空间中不断被综合、分析和解读，从而形成一个完整的闭环。根据人机协同教育理论，人机协同教育是基于人类和机器共同设定的教学目标，通过明确人机协同教育系统所处的状态及对方正在实施的教育行为，根据自身状态做出有效的教育反馈。[②] 强调人类与机器在教学过程中的互动与协同，旨在通过动态的数据流和任务流的耦合，达到人类子系统和机器子系统之间的平衡态，从而实现高效能的教学目标。

综上所述，我们可以把人机协同教育理论的"任务流"定义为：在人机协同教育环境中，为实现共同的教学目标，人类教师与机器系统（如智能教学助手或平台）通过各自的优势和工作机制，协同分析、决策和执行一系列有序的、动态更新的教学任务的过程。

因此，本研究构建了人机协同教育执行过程中数据流和任务流耦合的"明确彼此状态—设定共同目标—执行各自任务"模型并揭示了其运作机理，如图 2-4 所示。该模型强调，在人机协同过程中，每一阶段的状态和任务执行情况都通过数据流进行反馈和调整，从而实现人机协同教育系统的动态优化和协同提升。

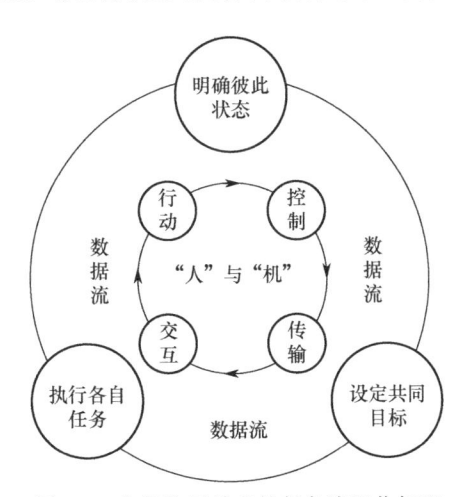

图 2-4　人机协同教育的任务流运作机理

[①] 王佳航，李潇. 嵌入、混合与协同："运营"与算法的人机协作实践 [J]. 现代出版，2024（04）：61-72.
[②] 方海光，孔新梅，李海芸，等. 人工智能时代的人机协同教育理论研究 [J]. 现代教育技术，2022，32（07）：5-13.

2.6.1 明确彼此状态

在开展协同任务之前，人类和机器需对当下所处的状态有全面的认知，这包括对自身及对方在当前环境中状态的精准把握。一是对于自身的状态，人类通过感官来感知周围环境信息，知觉自身所处的位置、时间、情绪和任务的进程等，这种能力使人类能够在不断变化的环境中迅速捕捉变化，做出反应。同样地，机器通过传感器（如摄像头、GPS等）来收集环境信息，并分析自身的位置、时空、性能及任务的进程等，同时，机器可以利用这些数据进行推理和预测，以优化其行为和决策，从而更好地完成教育教学任务。二是对于对方的状态，人类和机器可以通过观察和交流等方式来了解，例如，人类可以通过观察对方的行为、语言等来判断对方的情绪、意图和需求，从而能够在互动过程中进行调整，以更好地理解对方的教学活动和背后的意图。机器亦然，二者通过共享信息或多轮互动来收集信息，以更有效地了解彼此系统的状态和意图。

2.6.2 设定共同目标

设定共同目标的前提是，人类和机器在交互中共享相应的环境背景，这种环境背景包含双方对物理世界的共同理解、用于交互的词汇集合及对事物表示的形式。[1] 首先，共同的背景是实现有效沟通和协作的基础，只有构建起一致的、可供相互理解的沟通环境和机制，双方才能在互动中实现有效交互，从而达成共同目标。其次，在双方对彼此状态有所了解的基础上，通过语音、文本、图像、动作等多种交互方式进行沟通。在沟通过程中，人类和机器之间呈现出一种合作博弈关系，[2] 双方的偏好和冲突越少，形成共同目标的协议就越容易，这不仅能减少谈判和沟通的频率，还能提高整体互动的效率。双方所达成的共同目标应能动态调整，随着问题、状态、动机和环境的变化，目标也需要相应地调整和更新。每一轮协同行为和状态都会对下一轮的目标设定产生影响，因此，基于前一轮共同目标形成的新目标是上一轮协同行为和状态的多重影响经协调后产生的结果，这种动态调整机制有助于在不断变化的环境中保持目标的相关性和有效性。在教

---

[1] STALNAKER R. Common Ground[J]. Linguistics and Philosophy, 2002, 25(5-6): 701-721.
[2] 方海光，孔新梅，刘慧薇，等. 基于共生理论的人机协同教育主体合作博弈及其优化策略研究[J]. 电化教育研究，2024，45（01）：21-27.

学任务中，确立共同的教学目标有利于推进协作的进度。通过有效的沟通和协调，双方能够形成明确的教学目标，进而提高教学效果和效率，增强人机系统在教学过程中的协同能力和灵活性。

2.6.3 执行各自任务

在设定共同目标之后，人类和机器需要对共同约定的目标协议构建双边承诺，明确各自的责任和任务，实施分工明确的行为方案。人类和机器在执行任务时所依赖的机制和技术不同：人类依赖自身的生理结构和神经系统来完成复杂的任务，而机器则依赖程序、数据和算法，通过预设的逻辑和计算来实现特定的功能。当双方各自完成任务后，将再次回到"明确彼此状态"的阶段，评估当前的任务进展和状态变化，从而进入新一轮的协同循环。在这一循环过程中，各自系统的行为和期望可能会发生转变，同时，它们能够更好地理解对方行为背后的原因和动机。而影响和教导他人的能力是合作智能的关键特征，历经多次协同循环，人类和机器通过观察和学习对方的智能来强化自身的学习能力，同时调整自身的行为和策略，以更有效地引导和配合对方。交互学习的过程有助于提升双方各自的能力，促进更高层次的合作智能，推动双方在更广泛和复杂的任务中实现高效协同。

实践参考

扫码查看

第3章 人机协同教育理论视角

3.1 基于人机协同教育理论的历史演进视角

人机协同,是指人在教学中与机器共同发挥各自的优势,执行各自擅长的任务,相互制约,共同决策。这一思想源于工业时代,强调人与机器在劳动层面的协作。近年来,随着人工智能的迅猛发展,"人"与"机"之间的协同层级发生了革命性的变化,超越了传统的使动关系,指向人类智能与人工智能的深度融合。回顾技术发展的历程,人机协同教育中的"机"经历了四个历史演进阶段,如图3-1所示。

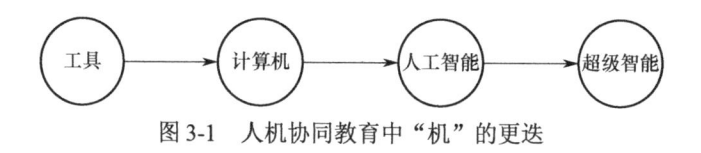

图3-1 人机协同教育中"机"的更迭

3.1.1 人机协同教育的"工具观"

在人机协同教育的"工具观"阶段,社会发展初步进入机械化进程。在蒸汽机和电力技术引领的第一次和第二次工业革命期间,机器逐渐成为人类劳动的重要辅助工具。当前的机器是人类特意制造的,具有明确的外在目的。人类为了达成某些特定的目标,设计不同机器以实现不同的目的,如制造雨伞以遮雨,制造车辆以出行。在教育领域,机器作为"工具"主要体现在教具、学具和教材的应用上。

(1)"教具"发展的演进脉络

20世纪80年代,我国电化教育迅速崛起,幻灯投影、电视机、录音机等电子教具逐渐在中小学普及。例如,《九年义务教育全日制小学数学教学大纲(试用修订版)》于 2000 年发布，强调利用教具、学具和电化教学手段激发学生的学习兴趣，并明确要求引入计算器和幻灯片等电子教具。进入 21 世纪，随着高新科技的飞速发展，信息化教具成为教学的有效支撑，教师不仅借助互动白板和多媒体课件进行辅助教学，翻译软件、几何画板、批改软件等学科专用工具也逐渐进入课堂。当前，人工智能的快速进步推动教具向更高级的智慧化方向发展，智能技术能够从听觉、视觉和触觉等多角度满足教师在教学中的要求。例如，教师可借助智能评测系统实时感知课堂情况，灵活调整教学路径，或将智慧黑板上的板书和注解同步到备课管理和教学资源管理平台，与学生共享，形成便于学习和分析的教学笔记。通过构建基于物联网技术的新型智慧教室系统，教师得以实现智慧教与学的目标，进一步优化教学。

（2）"学具"发展的演进脉络

"学具"同样经历了从电子化、信息化到智能化的发展过程。在教育信息化 1.0 阶段，"电子书包"作为电子化学具的代表集成了丰富的教材教辅资源和学习平台，逐步取代纸质课本，成为新型移动学习媒介。学生可以通过"电子书包"中的数字资源和学习工具进行小组合作与探究性学习，促进家校社协同。随后，为了实现一对一的数字化学习，许多学校开始尝试将平板电脑引入课堂，例如，2010 年人大附中西山学校与苹果公司合作使用 iPad 进行教学实验。随着智能技术和虚拟仿真技术的发展，虚拟学具应运而生，其特点是数字化、游戏性、交互性和动态性，能降低学生的认知负担。虚拟学具可分为两种形式：一种是将传统实体学习工具数字化，如电子词典；另一种是基于认知科学设计的新型工具，如虚拟仿真实验工具，允许学生像使用实体学具一样进行学习与探究。目前，教育元宇宙的虚拟学具成为学生交互与协作的重要手段，学生通过虚拟化身参与各种生态教育挑战任务，这促进了人与技术的深度融合，提升了学习效果。

（3）"教材"发展的演进脉络

在数字化和移动化的浪潮下，传统纸质教材逐渐转向电子化和数字化的新形态。数字教材作为专为电子书阅读终端研发的产品，其发展经历了五个阶段。阶段一：内容电子化。这一阶段仅将纸质教材进行扫描，仍采用线性组织方式，静态且封闭，缺乏功能拓展，无法及时更新。阶段二：资源数字化。此阶段数字教材通过点读机和多媒体技术，引入了简单的交互反馈功能，内容呈现也更为丰富，包括视频、音频和动画等多种形式，并实现了通过关键词搜索教材内容的功能。阶段三：工具通用化。为满足教师需求，数字教材中添加了扩展阅读和学习工具，支持课堂笔记和即时评价等功能。阶段四：教材平台化。"移动终端＋教育内容＋服务平台"的有效组合，为学生提供了个性化的数字学习空间。例如，基于纸质教科书开发的数字教材解决方案使得个性化学习成为可能。阶段五：教材智能化。新技术的应用催生了智能教材的出现，其以智能导学、伴随式评价和深度学习互动等为关键特征。研究表明，智能教材应具备深度交互、构建学习画像和自适应等能力。

人与工具在协同工作过程中展现出人类主导的典型特征。人类不仅是工具的制造者，更是其主要使用者。这一阶段的人机关系呈现出一种从属关系，这种从属关系不仅体现在工具的功能上，也体现在工具的设计理念和使用方式上。工具的设计始终围绕人类的需求展开，目的是提高工作效率、简化操作流程或满足特定的生产需求。人类对工具的依赖使得工具的存在和发展都紧密围绕人类的劳动活动展开。在这一背景下，人与工具之间的互动主要是线性的，工具在某种程度上只是在执行人类设定的任务，而缺乏自主性和灵活性。随着社会的进步和科技的发展，尽管工具的复杂性和功能性不断提升，但根本的从属关系仍然保持不变。人类始终是工具设计和使用的主体，工具的意义在于服务和支持人类的各种活动。

3.1.2 人机协同教育的"计算机观"

人与计算机的协同，是人适应计算机到计算机不断适应人的过程，主要经历了以下5个阶段[①]。一是早期的手工作业阶段。在计算机技术萌芽时期，人机交互还停留在手工作业层面。设计者及其团队亲手操作笨重的机器，通过繁琐的二进制代码指令与计算机进行交互，这一过程充满了挑战与不便，展现了早期计算机技术应用的局限性。二是作业控制语言及交互命令语言阶段。这一阶段的特点是程序员成为这一时期的主导力量，他们通过编写批量处理作业或输入交互命令语言的方式与计算机沟通，虽然需记忆大量指令并熟练掌握键盘操作方法，但这种方式极大地提升了程序调试与监控的效率，使了解计算机的执行情况变得更加便捷。三是图形用户界面（GUI）阶段。GUI的主要特点是桌面隐喻、WIMP技

---

① 董士海. 人机交互的进展及面临的挑战 [J]. 计算机辅助设计与图形学学报，2004，（01）：1-13.

术、直接操纵特性和"所见即所得（NYSIWYG）"功能，让计算机操作变得直观、简单。由于 GUI 简单易学，减少了键盘输入的需求，实现了"事实上的标准化"，使普通用户也可以熟练地使用计算机，从而拓展了用户群体，并推动了信息产业的发展。四是网络用户界面兴起阶段。随着互联网技术的崛起，网络用户界面以超文本标记语言（HTML）及超文本传输协议（HTTP）为主要基础，通过网络浏览器这一媒介，将全球用户紧密相连。WWW 网不仅促进了信息的快速传播与共享，还催生了搜索引擎、多媒体展示、实时通信等一系列创新技术，极大地丰富了人机交互的方式与内容，开启了网络时代的新体验。五是多通道、多媒体的智能人机交互阶段。以虚拟现实为代表的计算机系统的拟人化和以手持电脑、智能手机为代表的计算机的微型化、随身化、嵌入化，是当前计算机发展的两个重要趋势。并且，为了突破传统 GUI（如鼠标和键盘）的局限，新的交互技术正在探索利用人的多种感觉通道和动作通道（如语音、手写、肢体语言、视线追踪、情绪识别等多模态信息），以并行、非精确的方式与（可见或不可见的）计算机环境进行交互，来提高人机交互的自然性和高效性。这一变革不仅将深刻影响计算机技术的发展方向，也将为人类生活带来前所未有的便捷与乐趣。

计算机的出现，将人机协同从一般性劳动拓展到了部分决策领域，一方面深化了"人"对"机"的影响，另一方面也反向延展了"机"对"人"的增强作用。在这一阶段，人机协同教育系统初步呈现出双向赋能、协同增强的特征。有学者提出人机一体化思想，该思想采取以人为中心、人机一体的技术路线，将人与机器置于平等合作的地位，共同构成一个协同工作系统。人机一体的系统支持形势分析、战略设计等复杂问题的决策。在协同过程中，计算机可以为人类感知、记忆、计算等提供支持，并可模拟人类的决策过程。人类可以通过操作计算机完成一些重复、单调的任务，可以利用计算机强大的记忆能力和运算能力进行资源检索、作业批改、决策判断等，以减轻重复性劳动造成的认知资源浪费。在做决策时，机器充分利用知识库、决策模型与强大的数值运算力确定可选方案，人凭借直觉经验及对当前情境的感知做出判断，机器与人通过协商、修正、综合评价的交互过程做出最终决策。

3.1.3 人机协同教育的"人工智能观"

人工智能一词最初是在 1956 年美国计算机协会组织的达特茅斯（Dartmouth）

会议上提出的。目前为止,有关人工智能的定义尚未达成一致,但究其本质,人工智能是研究如何制造出能够模拟人类智能活动的机器或智能系统,以延伸和扩展人类智能的科学[①]。也正是由于人们对人工智能本质及其实现路径的多元理解和探索,形成了不同的研究流派,主要包括符号主义、联结主义和行为主义学派。因此,基于不同学派的理论基础与技术路径,可以深入探究人工智能在教育领域中的广泛应用及潜在影响,这些不同的研究视角为人工智能在教育中的应用提供了多元的方法和策略。

(1)符号主义学派的演进脉络

符号主义学派认为智能的基本元素是"符号",主张人的认知过程是信息加工的过程。该学派认为,无论是人类智能还是机器智能,其活动都可以通过确定的规则和形式逻辑进行符号化操作和模仿。其代表性成果包括机器证明、专家系统和知识工程等。在教育领域,早期研究集中于使用数学定理推理程序来模拟人类思维,并通过启发式策略提高求解效率。然而,研究者发现有限的符号系统难以应对许多复杂问题,因此专家系统成为符号主义的发展方向。专家系统通过存储大量人类专家的知识和经验,模拟人类思维与逻辑推理,从而解决依赖领域知识的复杂问题。尽管如此,专家系统在知识获取、管理和规则推理等方面的局限性,使其难以广泛应用。进入新的发展阶段后,知识工程学应运而生,采用工程化思维研究知识的表达、获取和推理,典型代表包括语义网、链接数据和知识图谱等。随着知识图谱推理和图神经网络技术的应用,知识图谱研究开始转向认知图谱的构建与应用。例如,有研究构建了学习认知图谱,以支持学生的适应性学习,并通过实践案例证明了其对个性化学习的支持。

(2)联结主义学派的演进脉络

联结主义,又称仿生学派或生理学派,其研究范式源自人类的大脑和神经系统。该学派认为,人类的认知活动是通过人脑神经元及其联结强度的变化来实现的,因此可以通过模拟生物神经网络的结构赋予机器智能。联结主义的主要特点体现在分布式表征、整体论的语义结构和自我进化等方面。联结主义的核心概念是神经网络,这一思想最早可追溯到1943年沃仑·麦卡洛克(Warren McCulloch)和沃尔特·皮兹(Walter Pitts)的研究。尽管早期的联结主义曾受

---

① 约翰沃生. 行为主义:[M]. 李维,译. 杭州:浙江教育出版社,1998.

到明斯基等人的批评而一度陷入低谷，但自1986年反向传播算法提出后，该学派得以复兴。联结主义导向下的人工智能经历了单层神经网络模型、浅层神经网络模型和深度学习网络模型三个发展阶段，其中深度学习网络模型已成为当前联结主义的核心研究内容。阿希什·瓦斯瓦尼（Ashish Vaswani）等人提出的Transformer架构是当代自然语言处理的一个转折点，现已成为众多语言模型的基础，最具代表性的有谷歌公司的BERT系列模型和OpenAI公司的GPT系列模型。AIGC正是联结主义的一个重要产物，联结主义如今已成为人工智能的主流范式。

（3）行为主义学派的演进脉络

行为主义，又称进化主义或控制论学派，其核心思想围绕控制论及感知——动作系统展开。控制论的思想早在20世纪40至50年代便已成为重要的时代思潮，维纳（Wiener）和麦克洛克（McCulloch）等人研究并提出了控制论和自组织系统的概念，而钱学森等人则发展了工程控制论和生物控制论，这些思想渗透到了多个领域，深刻影响了早期科学工作者的研究视角及行为。直到20世纪末，行为主义才作为人工智能的新学派得以浮现。该学派认为，人工智能源自行为动作的感知与控制，其主要思想是应用控制论，以进化的方式模拟人类在行为活动中展现出的智能。行为主义强调功能、结构与智能行为是不可分割的，不同的行为表现出不同的功能和控制结构。智能的本质在于对复杂环境的适应，而这种适应性依赖感知与行动，因此智能行为只能在与现实环境的互动中得以体现。同时，该学派强调系统与环境之间通过反馈进行交互，认为反馈是控制论的基石，缺乏反馈就无法实现真正的智能。在不断的交互与反馈过程中，人工智能能够像人类智能一样逐步进化、分阶段发展并增强。

在教育领域，行为主义的典型代表是教育机器人。随着人工智能技术的进步，教育机器人的智能化和人性化特点愈加显著。国外研究发现，教育机器人主要用于语言、科学或技术教育。国内研究则指出，教育机器人产品可分为十二类，应用场景涵盖四个主要领域：一是家庭和大学，如智能玩具、家庭智能助理等；二是课堂，如机器助教和机器教师，可在课堂上开展人机协同的双师教学；三是公共场所，如安全教育机器人和导览讲解机器人；四是专业领域，如用于工业制造培训和手术医疗培训的机器人。总体来看，教育机器人在教学活动中可以扮演导师、工具或同伴的角色。例如，作为导师，美国麻省理工学院开发的教育机器人能根据学生的学习风格、个性及情绪状态来调整自身行为,以更好地支持学生学习;作为同伴,有研究结合混合现实技术与教育机器人,设计出一个具有真实场景的系统,机器人在任务中扮演同伴角色,对学生的表现产生积极影响;作为工具,我国的教育机器人主要包括竞赛和教学机器人,机器人可以成为学生综合能力提升与创新实践的重要认知促进工具。

随着人工智能技术的快速发展,人机协同中的"机"已经超越传统计算机的范畴,成为包括计算机在内的智能感知、云计算、区块链等多元化智能技术的综合体。人机协同的紧密程度不断加深,从"机"这方面看,"机"开始能够替代人类完成更多复杂的任务,而这种变化本质上源于"机"从对人类智能器官的延伸和拓展,转变为对人类信息储存和处理能力的模仿和强化;从"人"这方面看,人类的主要任务是通过监督和干预使人工智能完成更加复杂的、超越人类认知范围的工作,最终决策权仍然在人手中。同时,值得注意的是,智能技术已经能够部分理解用户意图,并涉足认知和情感计算领域,在人机交互过程中,智能程序可以采用自然语言等多种方式与人类交流,逐步构建起更加人性化、智能化的交流模式。例如,当前在教育领域,人机协同的一个典型应用是教师与机器的智能交互。通过充分发挥人类智能和机器智能的核心优势,实现对学生学习的意图需求、方案调整和过程调控的精准把握。尤其是以 AIGC 为代表的生成式人工智能,凭借其庞大的模型架构与强大的计算能力,正加速推动人类智能与人工智能的深度群智融合。

3.1.4 人机协同教育的"超级智能观"

随着对 AIGC 讨论的深入,人工智能是否将全面超过人类智能的这一"奇点"问题(人工智能的"奇点"是指机器能超过人类智能的极限点)再次引发学者们的思考:首先,学界对于"奇点"的阐释提出了三种不同的视角:科学化叙事、科幻化叙事和诗意化叙事。科学化叙事强调人工智能的基础是神经科学和计算机科学,其洞见建立在这些研究成果之上;科幻化叙事则借助科幻小说和电影的想象,探讨超级智能的出现及其对人类命运的影响;诗意化叙事则通过文学的视角,大胆设想智能时代下人类的未来变化,并用"后人类"这一概念来描述这一新形象。三者对超级智能的态度各不相同:科学化叙事对此持保留态度,科幻化叙事充满幻想,而诗意化叙事则表示欣然接纳。其次,关于"奇点"来临的路径，学者们提出了多种视角。从智能本身的发展进程来看，可将其划分为专门智能、通用智能和超级智能；从人机关系来看，则分为人工智能、类人智能和超人智能；而从能力的强弱来看，划分为弱智能、强智能和超强智能。本书认为"机"的未来演进将趋向于超级智能形态。在这一阶段，"机"不仅能够拥有更复杂的算法结构，在理解力、学习能力、逻辑推理能力、创新思维及问题解决能力上全面超越人类，更将实现高度的自主性，即无需人类直接干预，即可独立判断并高效执行任务，在人类缺席决策环节的情况下，"机"也能实现完全自主地运作。例如，学生可以在教师不参与的情况下，根据自己的学习进度和风格与机器进行个性化互动，享受量身定制的教育服务，极大地提升学习效率。然而，超级智能的崛起也伴随着不容忽视的伦理与法律挑战，它的自主决策与行动可能引发一系列风险与不确定性。因此，建立健全的风险防范机制与监管框架显得尤为重要。从当前人工智能的科学研究现状出发，通向超级智能的方式有通用智能、具身智能和交互智能三种。

（1）通用智能方式。通用智能方式主要聚焦于AIGC研究，强调通用人工智能（或称强人工智能）不同于弱人工智能，其不仅具备与人类相当或超越人类的能力，还具备全面的理解能力、自我学习能力和知识应用能力。这使其能够灵活应对复杂多变的任务，并在广泛领域展现出与人类不相上下的智能水平。OpenAI明确将"迈向通用人工智能，确保其造福人类"作为公司的核心使命，认为AIGC的出现为通用人工智能研究带来了新的机遇。此外，OpenAI还关注超级智能与通用智能之间的衔接，认为超级智能作为通用智能的进阶形态，蕴含着更为先进的技术潜力，因而勾勒出了一条从通用人工智能向超级智能稳步推进的研究路径。在教育领域，针对大模型应用于教育中出现的问题，如幻觉、逻辑缺失及社会情感缺失等，研究人员通过增强大模型的方式（如精调训练）来实现知识、认知和推理的增强，从而构建通用人工智能教师架构。同时，已有研究表明，通用大模型在教案编辑、课件创作和智能出题等教育场景中已实现常态化应用。

（2）具身智能方式。具身智能方式聚焦于如何为人工智能塑造适宜的身体形态，以高效执行特定任务。通过智能体与周围环境的深入交互，不仅增强了与现实世界的无缝连接，还显著促进了信息的即时捕获、精准理解、智能决策和快速执行。这种基于环境反馈的信息处理循环，使得智能体表现出高度的灵活性与适应性。专家们进一步强调,具身智能的核心在于智能体与环境的整体效能,而不仅仅是身体形态的构建,关键在于在交互中建立"感知-行动"的反馈机制。这种理念推动了具身智能从被动观察向主动构造复杂环境的转变。近年来,VoxPoser 系统的推出,将大模型与机器人相结合,进一步提升了具身智能在复杂环境中的交互能力,实现了任务执行过程中数据自给自足与即时学习,降低了对外部数据和额外训练的依赖。上海傅利叶智能科技有限公司的 GR-1 机器人、斯坦福大学的 Mobile ALOHA 机器人,以及 One X 与 OpenAI 合作开发的类人机器人 EVE 等,均为具身智能移动操作机器人的典型代表。这种深度的人机融合,不仅使具身智能在功能层面更贴近人类的认知与情感模式,也为人机共生的深层次融合开辟了新方式,预示着从具身智能向超级智能发展的广阔前景和无限可能。

(3)交互智能方式。交互智能方式,即社会化人工智能,指的是智能体在真实社会环境中与人类持续互动并不断学习的过程。这一过程要求智能体能够从广泛的交互中收集数据以获取新知,同时也需掌握与人类交流的技巧,以便更有效地获取信息。这些智能体已发展到能够使用自然语言进行交流,深入解析和学习图像内容,从而在庞大的图像社交平台上自我迭代,显著增强其视觉智能。它们具有人性化特征,如通过添加表情符号等细微方式来表达幽默感,极大地丰富了交互体验的自然度和亲和力。然而,在复杂多变的社会场景中,交互智能体的反应灵活性和深度可能面临挑战,展现出一定的局限性。例如,自动驾驶汽车不仅能在复杂路况下自动驾驶,还能通过语音与人类互动;再如 AIGC 通过精准地提问与回应,实现了与人类的高效交流,为人工智能的自主进化开辟了新的途径。尽管如此,关于交互智能路径能在多大程度上通向通用智能,仍然是一个充满挑战与未知的议题。

"机"的更迭正逐步推动人机关系由协同完成教学工作走向协同成长与进化、共创共生的新样态。在人机协同工作中,教师利用机器作为身体和感官的延伸,承担一些程序性和操作性的任务,从而释放出更多时间和精力来进行教学创新、情感关怀等创造性活动。此外,人机协同教育强调教师与机器在深度协同中的共同成长与进化,一方面,机器通过数据的积累深入理解课堂教学的流程和关键特征,从而更好地分析学生情况和优化教学决策,为教师提供精准的教学辅助;另一方面,教师在实践中也能更好地认识机器在课堂教学中的作用,优化人机协同的策略,推动整体教学质量的提升。随着机器自主意识的逐步显现,机器将从模拟人类的感知能力转变为能够进行教学决策与创新的独立智能体。人机共创共生模式的本质是让智能技术参与教育过程中的知识生成、学习路径设计和决策优化，从而超越传统的教学逻辑，形成智能融合智慧、智慧孕育智慧的教育生态。

3.2 基于人机协同教育理论的人机关系视角

在人机协同教育场景中，随着人类与机器在教育领域的交互日益深入，人机关系伴随双方协同素养的持续提升而逐步深化。要理解这一协同关系的变化，我们可以引入三个关键参数：首先是人类与机器之间的接近程度，我们可以定义为 R_0；其次是人类智能的最大可达范围，我们可以定义为 R_1；最后是机器智能的最大可达范围，我们可以定义为 R_2。通过这三个参数，可以清晰地描述人类智能与机器智能在人工智能时代下的不同关系和协作模式。具体来说，人类与机器智能之间的关系可划分为四种典型模式，分别对应不同的人机协同深度和智能融合程度，如图 3-2 所示，不仅反映了当下教育领域的人机关系现状，也预示了未来协同教学的发展趋势。

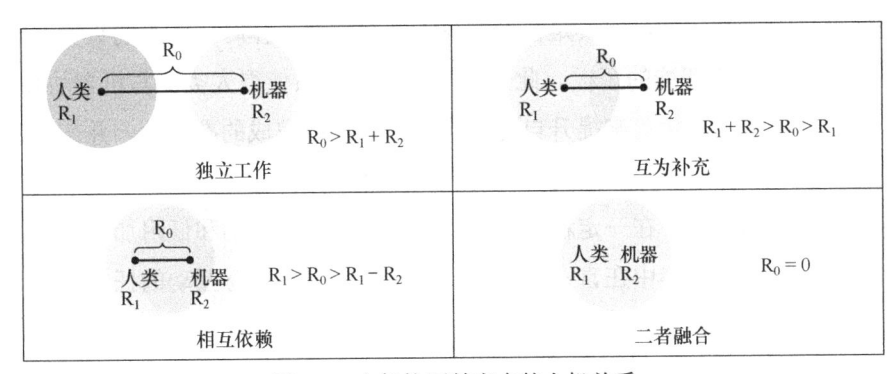

人类 R_1 ── 机器 R_2（R_0） 独立工作	$R_0 > R_1 + R_2$	人类 R_1 ─ 机器 R_2（R_0） 互为补充	$R_1 + R_2 > R_0 > R_1$
人类 R_1 机器 R_2（R_0） 相互依赖	$R_1 > R_0 > R_1 - R_2$	人类 R_1 机器 R_2 二者融合	$R_0 = 0$

图 3-2 人机协同教育中的人机关系

3.2.1 人机独立工作关系

在独立工作模式下，人机关系呈现两种显著情形。一方面，人机可能形成竞争关系，尤其在涉及大规模数据处理、复杂计算和某些重复性任务的场景中，机器通过深度学习、自动化技术等手段，能够高效、精确地完成一些操作任务。随着技术的进步，机器智能逐步具备了类似人的认知能力，甚至在文字理解、文字生成等特定情境下，工作效率超过人类，这极易引发人类对就业和生存空间的担忧。在人机竞争的关系模式下，机器的进化与应用可能会加剧社会中的不平等现象，特别是在低技能劳动市场，人类可能被机器取代，进而引发更为深刻的社会矛盾。另一方面，人类与机器在工作任务上各自独立，互不干扰。具体表现为人类和机器各自在自己擅长的领域发挥作用，人类主要专注于创造性思维、决策制定和复杂问题解决，而机器则更关注自动化、精确计算等任务，人机双方的协同程度较低，彼此没有实际的交互需求，任务界限清晰可辨。尽管机器表现出强大的能力，但它的功能依旧受限于特定的任务场景，无法突破智能的界限。因此，在独立工作模式下，人机关系以相离为主要特征，接近程度为 $R_0 > R_1 + R_2$，这反映了二者在智能和任务执行层面的独立性。

3.2.2　人机互为补充关系

在互为补充的关系中，人类与机器各有所长，通过协同工作达成优势互补的目的。这一关系的特征为相交，接近程度为 $R_1 + R_2 > R_0 > R_1$。例如，机器在处理复杂的数据运算、重复性工作及一些高效率、低创造性的数据挖掘、图像识别、语音处理等任务时表现出色，而人类则在创造性思维、情感判断、复杂问题攻坚等凸显出卓越才能，尤其是在面对灵活性较强的工作时，人类的直觉与经验往往能够填补机器智能的短板。此外，这种互补关系使得人类在与机器协作时，能够充分利用机器的优势来提升自身工作效率和任务完成的准确性，并在关键环节发挥着不可替代的作用。互为补充的人机关系使得机器可以在复杂任务场景中成为人类的得力助手，在一定程度上减少了人类的重复劳动和低附加值工作，使人类可以将更多精力集中在富有创造性、战略性和需要情感互动的任务上。这种协同工作模式既提高了人类与机器各自的工作效率，又减轻了人类在复杂工作中的压力。随着人工智能技术的持续发展，人机互为补充的协作关系可能会在更广泛的领域得到应用。

3.2.3　人机相互依赖关系

在相互依赖的模式中，人机关系更为密切，人类和机器的优缺点互为补充。机器虽然在数据处理和复杂计算方面表现出色，但它缺乏灵活性和创造力，特别是在面对不确定性因素与复杂环境时，它往往难以做出准确的决策。因此，机器在这些场景下需要依赖人类的经验和直觉，以优化决策流程。反观人类，面对大规模数据分析、复杂计算任务时往往力不从心。这时，机器作为辅助工具，通过快速处理数据、精准预测及模型构建，帮助人类应对这些挑战。因此，在这些场景下，人类依赖机器拓展自身能力，提升工作效率。在这种模式下，二者的关系不仅仅是简单的协作，而是一种深层次的依赖，这种关系的接近程度为 $R_1 > R_0 > R_1 - R_2$，反映了二者在智能与任务执行上的相互依赖。人机相互依赖的协作模式不仅仅停留在任务分配层面，而是伴随着任务的推进和深入，二者在执行环节构建起一种动态的反馈回路。人类运用经验与判断力修正机器智能的决策，而机器通过大规模的数据分析为人类提供更多的决策依据。例如，在人机协同教育领域，机器可以根据学生的学习习惯和知识点掌握情况，自动调整推荐的学习内容和形式，并为教师课堂教学提供建议和依据；教师则需要根据学生学习情况、课堂实际教学情况，结合机器提供的教学指南和分析报告形成教学方案，优化教学策略，并及时向机器反馈，增强机器分析结果和建议的实用性和可操作性。这种相互依赖的模式，不仅提高了教学的精准度和个性化水平，还能双向赋能教师和机器，驱动人机协同迈向更高级的进化之路。

3.2.4 人机融合关系

随着人工智能技术的持续进步，人类和机器之间的相互依存关系极有可能进一步加深，形成一种全新的、深层次的混合协同模式。在人机融合的关系模式下，人类和机器不再仅仅是相互依赖和补充的关系，而是通过深度融合形成一个全新的智能体系。人类和机器将共同分享、协调信息和资源，以实现智能的全方位扩展。此时，机器不再局限于辅助人类完成任务，而是通过与人类智能的融合，成为人类智能的延伸。这种深度融合的接近程度可以定义为 $R_0 = 0$，反映了人类智能与机器在任务执行和智能发展上的完全重合态势。此时，人类与机器的任务界限变得模糊，二者不再受限于既定的工作范畴。例如，在人机协同课堂中，人类与机器实时、动态地进行双向反馈，当机器检测到某个知识点的讲解未被大多数学生完全理解时，它可以自动为教师生成分层次的讲解策略或互动活动预案，并为学生提供强化知识点学习的资料与学具。与此同时，教师并非依赖 AI 提供的建议，而是依据对学生情感状态、学习动力等软性要素的判断，灵活调整 AI 生成的教学规划，并在课堂上结合 AI 的建议进行创造性的再加工，从而提升教学效果。

综上，不同的人机协同关系可能会导致截然不同的协同结果。随着技术的不断进步和人机互动的日益深入，原有的智能界限将逐渐被打破，双向赋能与深度协同将重塑人类系统与机器系统之间的关系，推动二者形成高度融合和动态互动的协同新态。深度融合的人机关系将推动人类智能和机器智能的共同进化，并带来全新的教育模式和工作方式。不仅如此，还将促进创新和创造力的释放，帮助人类应对日益复杂的社会挑战，推动社会向更加智能化和高效化的方向发展。

3.3 基于人机协同教育理论的结构分类视角

人机协同教育结构是支持人机协同教育教学和学习的一种先进组织形式和样态。在人机协同 STAR 框架[1]中，明确界定了在物理空间、虚拟空间及混合空间内，人类教师与智能教育机器人、虚拟化身及数字孪生体（本书中简称数字孪生）之间实现深度融合与有机联动的三种典型形态。其中，虚拟化身指的是一种可感知的数字表示，是特定的人实时执行行为的某种反映[2]；智能教育机器人指外观和形态同人类类似，可以与师生进行互动且可以充当共同学生、同伴或导师等角色[3]的实体机器人；数字孪生作为物理世界与虚拟世界之间的镜像映射，由物理系统和虚拟系统两个系统组成，虚拟系统包含物理系统的所有基本信息[4]，确保数据在物理对象与数字对象之间顺畅流动，实现双向的完全集成。

基于 STAR 框架，本研究构建了人机协同教育的 6 种结构类型，如图 3-3 所示。在该分类模型中，人类包含教师和学生两类，机器可分为数字孪生、虚拟化身和实体机器人三类，通过两两组合的方式，一共衍生出 6 种人机协同教育教学结构。从教师和学生这一分类维度来看，人机协同教育结构可分为人机协同教育教学结构和人机协同学习结构两大类，人机协同教育教学结构又包括教师与数字孪生协同、教师与虚拟化身协同、教师与实体机器人协同三类；人机协同学习结

---

[1] 黄荣怀，刘德建，阿罕默德·提利利，等. 人机协同教学：基于虚拟化身、数字孪生和教育机器人场景的路径设计[J]. 开放教育研究，2023，29（6）：4-14.

[2] BAILENSON J.N., BLASCOVICH, J. Avatars.Encyclopedia of human-computer interaction[J]. Berkshire Publishing Group, 2004,64-68.

[3] MUIN, S., MOSALAM, K.M. Human-MachineCollaboration Framework for Structural Health Monitoring and Resiliency[J]. Engineering Structures, 2021,235: 112084.

[4] LILJANIEMI, A., PAAVILAINEN, H. Using DigitalTwin Technology in Engineering Education-Course Concept to Explore Benefits and Barriers[J]. Open Engineering, 2020,10(1): 377-385.

构则包括学生与数字孪生协同、学生与虚拟化身协同、学生与实体机器人协同三类。

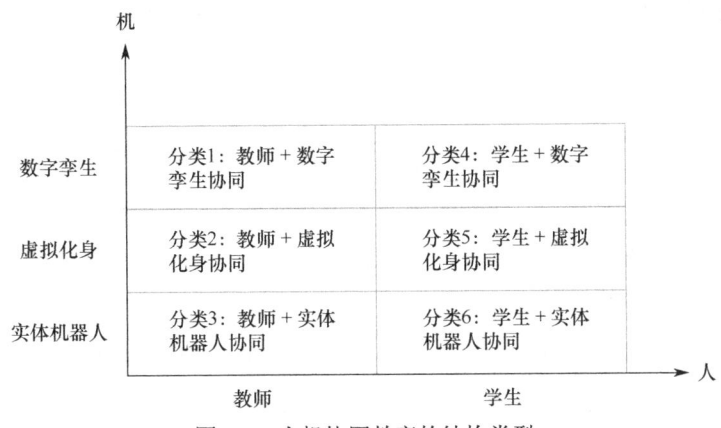

图 3-3 人机协同教育的结构类型

3.3.1 面向教师的人机协同教育结构分类

第一种：教师+数字孪生协同。数字孪生由物理系统和虚拟系统组成，数据在两个系统之间流动，使得虚拟系统可以表示、监控、理解和预测物理系统的状态变化和行为模式。教师和数字孪生协同教学是指教师和数字孪生紧密协作，共同承担教学工作，这里的数字孪生作为教师的数字化分身，与其对应的真实教师实体在物理上完全分离，是以教师分身在场为目的而构建的独立于教师的数字化存在[1]。例如，基于数字孪生的机器人远程操作平台，允许教师进行远程操作和远程编程，教师可以利用该平台配合学生完成机器人编程任务，远程指导和把控学生的学习过程[2]。在这种协同教学模式下，数字孪生通过实时数据流和动态反馈，精准地模拟教师的每一个教学动作，实时监控物理教学环境中的教学进展，预测可能出现的问题，并即时生成解决方案与优化建议。尤为重要的是，数字孪生的独立存在性（即独立运行能力）使其可以在教师无法亲临现场的情况下，执行教学任务，确保教学活动的连续性和稳定性，进一步拓宽了教育教学的可能性与边界。

---

[1] 张刚要, 陈煜. 从机械身体论到"在世存在"身体论: 教育技术实践中的身体景观[J]. 电化教育研究, 2023, 44 (9): 12-18.

[2] TERO KAARLELA, HALLDOR ARNARSON, PITKÄAHO T, et al. Common Educational Teleoperation Platform for Robotics Utilizing Digital Twins[J]. Machines, 2022, 10(7): 577.

第二种：教师+虚拟化身协同。教师和虚拟化身协同教学指的是教师和虚拟化身协作承担教学工作，如在视频会议中，人类教师为学习活动准备学习材料[1]，并借助虚拟化身来指导学生分组进行在线对话和互动。虚拟化身不仅能够在虚拟空间与学生完成信息共享和情感交流，还能够进行超现实的社会互动[2]，有效引导学生讨论、回答问题并给予反馈等。此外，虚拟化身还可以通过数据分析和学习行为跟踪技术，帮助教师了解学生的学习状态和需求，及时调整教学策略和方法。更进一步而言，依托先进的人工智能技术，虚拟化身的功能与智能水平得到了显著提升，能够帮助教师设定教学目标，提供精准的教学资源及行之有效的教学策略，从而优化教学效果。

第三种：教师+实体机器人协同。实体机器人可用于课内活动和课外活动，扮演教师的角色或同伴的角色。教师与实体机器人协同教学是由教师与实体机器人共同承担教学任务，构筑人机协同课堂。首先，实体机器人在课堂上可以充当教师的角色，实体机器人凭借其高度智能化和互动性的特点，能够通过有趣且充满互动性的方式引导学生学习，增强学生的参与感和兴趣。例如，幼儿园社会辅助机器人 KindSAR 通过社交互动游戏辅助教师教学，促进儿童的几何思维和元认知发展[3]。其次，实体机器人还可以作为教学评估与反馈资源的提供者，例如，可以实时呈现学生的评价报告和班级学习情况，帮助教师更好地了解学生的学习进展和需求[4]。最后，实体机器人还可以扮演学生的"同伴"，例如，在课外，实体机器人可以陪伴学生探索新知，丰富课余生活，为学生构建全方位的学习支持体系。

3.3.2　面向学生的人机协同教育结构分类

第一种：学生+数字孪生协同。学生与数字孪生协同学习是指利用数字孪生辅助学生学习的过程。数字孪生在物理形态、行为状态及基本功能上与人具有

---

[1] MIZRAHI E, DANZIG N, GORDON G. vRobotator: A Virtual Robot Facilitator of Small Group Discussions for K-12[J]. Proceedings of the ACM on Human-Computer Interaction, 2022, 6(CSCW2): 1-22.

[2] 李海峰, 王炜. 人机协同深度探究性教学模式以基于ChatGPT和QQ开发的人机协同探究性学习系统为例[J]. 开放教育研究, 2023, 29（6）69-81.

[3] KEREN G, FRIDIN M. Kindergarten Social Assistive Robot (KindSAR) for children's geometric thinking and metacognitive development in preschool education: A pilot study[J]. Computers in Human Behavior, 2014, 35: 400-412.

[4] 汪时冲, 方海光, 张鸽, 等. 人工智能教育机器人支持下的新型"双师课堂"研究—兼论"人机协同"教学设计与未来展望[J]. 远程教育杂志, 2019, 37（2）: 25-32.

同质性，能够实现二者的双向联通、精准映射和动态交互[①]。数字孪生凭借其高精度的数据同步与模拟能力，可以在虚拟环境中真实再现学生的学习行径与状态，营造出身临其境的学习氛围，在此环境下，学生不仅能够即时观察并反思自身的学习过程，还可以通过动态交互机制，深化对知识的理解和记忆。此外，数字孪生还能够模拟各种复杂和多变的学习场景，让学生在安全可控的虚拟环境中进行实践探索与技能训练。例如，数字孪生可以在虚拟实验室中模拟真实的实验过程，让学生通过交互操作，理解实验的步骤和原理，提高动手能力和问题解决能力。

第二种：学生+虚拟化身协同。在学生与虚拟化身协同学习的过程中，虚拟化身主要扮演导师的角色，帮助学生学习。虚拟化身依托自然语言处理技术，与学生实现顺畅的文字或语音交互，并对学生的学习状况进行诊断，给予相应的反馈与支持。在实际应用中，虚拟化身（如 AIGC）可用于项目式学习，即根据学生的学习需求和兴趣生成适当的学习内容，分析学生的学习背景和学习进度，协助学生制定学习目标，定制个性化的学习方案和作业测验[②]。虚拟化身还具备情感交互的能力，能够通过语音和表情等多种方式传递情感支持，有效缓解学生的学习压力，帮助学生在学习过程中保持积极的情绪状态。

第三种：学生+实体机器人协同。实体机器人与学生在学习中的互动和交流，催生了学生与实体机器人的协同学习模式。为确保二者的协同效应，学生要主动将其当成学习伙伴，以一种新的方式去开展学习、获取资源。例如，学生可利用实体机器人这种"智慧学伴"进行疑难解答、学情报告分析、学习督促提醒、学习陪伴激励等，完成不同阶段的学习目标[③]。学生与实体机器人之间的多元交互和有机协同，可促进学生智慧和机器智能的共同增长。实体机器人通过模拟人类的情感和行为，可与学生建立亲密的伙伴关系，为其提供情感支持和激励，帮助学生在学习过程中保持积极的情绪状态。这种人机互动不仅丰富了学生的学习体验，还增强了学习的互动性和参与度。

[①] 赵晓伟，祝智庭，沈书生. 教育提示语工程：构建数智时代的认识论新话语[J]. 中国远程教育，2023，43（11）：22-31.

[②] 陈倩倩，张立新. 教育人工智能的伦理审思：现象剖析与愿景构建——基于"人机协同"的分析视角[J]. 远程教育杂志，2023，41（03）：104-112.

[③] 卢宇，薛天琪，陈鹏鹤，等. 智能教育机器人系统构建及关键技术——以"智慧学伴"机器人为例[J]. 开放教育研究，2020，26（02）：83-91.

上述六类人机协同教育结构类型，均体现了通过不同协同主体间的相互作用来实现教育目标的核心理念。然而，协同主体的数量和种类往往会因教学场景和教学需求的变化而发生变化，如双师、三师，乃至更多元主体的协同课堂。这种情况下，将形成更加多元且复杂的人机协同教育系统。在这一系统中，多主体、多层次的互动与协作交织成网，任意两种协同主体之间都可能存在不同程度的相互作用，使得人机协同教育系统内部要素之间的关系和结构趋于多样化，其影响协同效应的因素也更为复杂。因此，我们需要从复杂系统的视角出发，深刻洞察人机协同教育系统的运作机理，以科学的方法促进各要素间的和谐共生，最终实现协同效应的最大化，推动教育事业的持续进步与创新。

实践参考

扫码查看

第4章 人机协同教育的应用场景

4.1 人机协同赋能教学场景

从课堂教学的视角来看，人机协同教育是指教师利用机器辅助、优化、创新和重塑教学的过程。在技术赋能的背景下，教学环境、教学资源及教学服务的转型升级为课堂教学带来了新机遇，促使人机协同在教学目标、教学设计、教学实施与教学评价的全过程得以优化与创新，其目的在于综合教师智慧和机器智能这两大核心优势，推动课堂教学的创新发展。

4.1.1 教学目标

教学过程总是以明确提出教学目标为起点，教学目标的制定应体现"以人为本"的教育理念，即要设计出符合学生实际又能促进其发展的教学目标。当前，随着大数据与人工智能技术的飞速发展，智能技术能够高效获取并分析学生的学习数据，辅助教师精准洞悉学生的学习起点，进而设计出更加贴合学生实际、促进有效学习的教学目标。

以北京市某小学教师罗老师教授的五年级下册英语教学单元"未来职业"为例，探讨智能机器与教师如何协同制定教学目标。该单元的核心教学目标是让学生深入调查并全面了解自己最喜欢的职业，尽管学生在三年级已初步接触职业话题，但那些知识较为基础，不足以作为五年级课程目标设计的直接依据。为了更准确地把握学情，罗老师在课前精心设计了电子问卷，广泛收集学生的意见。在授课过程中，她巧妙运用 AI 设备的投票功能，让学生实时表达对不同职业的喜爱程度，初步筛选出了一批"热门"职业，如图 4-1 所示。经过对后台数据的细致分析，罗老师进一步筛选出了最受五年级学生欢迎的八个职业，并围绕这些职业准备了丰富的拓展语篇材料。在最后一节新授课上，罗老师再次利用投票机制，让学生在八个热门职业中选出本班最受欢迎的三个职业。这一环节不仅增强了课堂的互动性，也确保了教学内容最大限度地贴近学生的兴趣点。

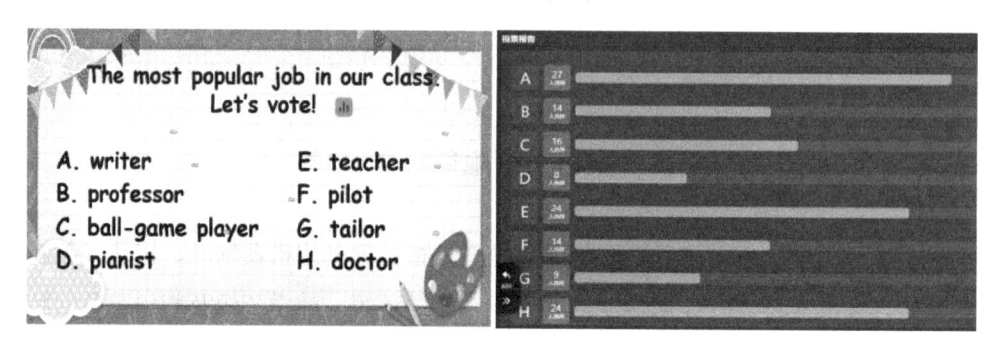

图 4-1　智能机器和教师协同的小学英语"未来职业"单元教学目标制定

该案例展示了 AI 技术与教师在课堂教学中协同合作，生成性地设定教学目标的过程。在此案例中，机器系统发挥了其强大的数据分析能力，协助教师深入分析并精准筛选出学生普遍关注的内容。基于这些分析结果，教师能够灵活调整教学策略，选择更加贴近学生实际需求的教学材料，如相关职业背景的英语语篇，这不仅极大地激发了学生的学习兴趣，还显著增强了课堂的互动性。这种协作模式打破了教师仅依赖课程知识点和个人经验进行教学目标设计的传统，使得课堂教学更加科学、高效，从而全面提升了课堂的整体教学效率和学生的学习成效。

4.1.2　教学活动

教学活动设计是教学过程中的关键环节，通过系统规划教学内容、教学方法等，可确保教学活动高效、有序地开展，进而提升教学效率与效果。当前，大模型已广泛应用于教学的各个阶段。大模型作为教学设计的得力工具，可协助教师进行教学单元及教学大纲、教学内容、教学方法和策略、教学案例、教学活动、学习提示单、题库等的设计与优化，为学生带来更为优质的教学过程与学习体验。

以基于大模型的学习提示单设计为例，展示在小学六年级信息科技课程的

"智能硬件"教学中,教师如何设计出能够帮助学生合理运用大模型的学习材料。针对"模拟空气净化系统"这一主题,教师设计了一份学习提示单。

学习提示单和大模型之间是相互促进的关系——学习提示单助力大模型生成高质量回答,大模型推动学习提示单迭代优化。学习提示单为大模型赋予结构化的学习框架,通过清晰的学习目标、学情分析、模型设定等结构化内容,保障大模型在课堂上能够有条不紊地生成回答。在大模型生成的内容存在不确定性的背景下,学习提示单为学生的学习提供支架。基于大模型生成的高质量学习反馈,促使学习提示单不断迭代优化,使其不断提高适应性和精准度,为学生提供更有效的个性化学习支持。

4.1.3 教学实施

教学实施的有效性直接关系到学习成果的达成。具体而言,在课堂教学中,智能教育机器人可作为智能导师、智能学伴、智能助教为学生提供课程讲授、协同探究、个性化学习辅导等服务。例如,作为智能导师,智能教育机器人可以替代教师完成知识点讲解任务,通过播放微课视频、操作教学课件、讲解知识点,或者以语音对话为主要方式展开内容讲解,还可以连接多媒体设备,搭建课堂教学物联网空间;作为智能学伴,智能教育机器人可参与小组探究和合作学习,通过与学生对话互动或向学生进行知识讲解,启发学生展开深入思考和探究性学习;作为智能助教,智能教育机器人通过对学生的学习过程进行分析,能够较为精准地甄别学生的学习需求,进而辅助教师进行个性化教学。

以某学校小学三年级的一节班会课为例,呈现智能教育机器人作为助教,与教师协同教学的具体实践场景。这节课的主题为"带刺的朋友"。最近同学间出现难以建立和谐人际关系的现象。针对这一现象,教师精心设计了一节班会课,借助两台智能教育机器人分别扮演充满负面言语的"小刺猬"和充满正面言语的"小松鼠"。在具体的教学情境中,学生通过与这两个角色进行互动,深刻感受到了不同表达方式对人产生的迥异影响,从而领悟到友善言行对于促进和谐人际关系的重要性。部分教学活动如表 4-1 所示。

智能教育机器人支持的人机协同双师课堂通过教师与机器的协同工作和优势互补,优化了课堂教学的各个环节,来推动"教师智慧—机器智能—学生智慧"

的协同增长与共同发展。如本节案例所示，智能教育机器人通过扮演不同的角色，呈现不同的情感状态，让学生感受言语带来的温暖和伤害。这是依据人类预设的问题情境和算法逻辑随时随地提供解答；教师处理复杂的教学情境，并综合考虑多方面因素，做出最适宜的教学决策。

表 4-1 智能教育机器人支持的 AI 人机协同双师课堂部分教学活动

活动名称	教师（T）	智能教育机器人（M）和学生（S）
感受言语的不同	同学们刚才和小松鼠、小刺猬都打了招呼，有什么感觉	学生：小松鼠很友善，小刺猬不太友好
深入感受言语的不同	1. 前两天小刺猬和同学们一起上了一节手工课，这期间还发生了一些小插曲（因语言不友善而产生矛盾）。现在请你们进行情景再现。 2. 通过刚才的小故事，你知道小刺猬是用什么刺伤的同学吗？（不好听的话） 3. 看到小松鼠的表现，你有什么想说的吗	情景再现（智能教育机器人扮演小刺猬和小松鼠） （1）学生：小刺猬，你的彩纸掉在地上了，赶紧捡起来吧！ 小刺猬：你管得着吗？烦不烦人！（一副很不耐烦的样子） 学生：我是为你好呀！ 小刺猬：走开！ （2）学生：小松鼠，你的彩纸掉在地上了，赶紧捡起来吧！ 小松鼠：好嘞，我马上捡，谢谢

4.1.4 教学评价

人机协同支持的教学评价借助智能机器与教师、学生之间的动态互动，不仅使评价更加全面和个性化，还能促进学生的深度学习和自我调节。智能机器所具备的数据分析、实时反馈、预测性评估等功能，使得教师可以更精准地评估学生的学习状况，及时调整教学策略；同时，学生也可以通过自我评价和反思，逐步提升自主学习能力，最终达到优化学习效果的目的。

以小学数学课程中的某一节课为例，具体阐释人机协同支持的教学评价的实际应用。教师引入了人机协同支持的教学评价系统，并在多个教学环节加以运用。在过程性评价层面：当学生在解答过程中遇到困难时，智能机器不但能自动指出问题，还能提供定制化的解释和解答提示。例如，智能机器发现某个学生在解二次方程时总是忽略判别式的计算，便会自动弹出提示信息："请检查判别式 b^2-$4ac$，看看它对解的影响"。智能机器还会分析学生的错误类型（如计算错误、概念混淆等）并引导学生改进。举例来说，倘若学生在多轮练习中持续在同类题目上犯错，AI 便会给出提示："你在理解二次方程的求解流程方面或许存在障碍，建议你回顾相关知识点并尝试完成本节课配备的辅助练习。"在诊断性评价层面：智能机器分析学生的学习行为数据，精准识别学生在哪些具体知识点上存在困惑或知识短板。例如，通过数据分析，AI 发现某个学生在"求解方程的根"这一板块表现欠佳，多次做错题目，即便尝试多种方法仍不得要领。在预测性评价层面：依据学生的学习数据，智能机器对学生在未来特定时段内可能的学习走向进行预估。AI 预测，如果学生继续沿用当前的学习方法，可能会在接下来的学习任务中面临困难，特别是在应对复杂的应用题时。通过这个例子，人机协同支持的教学评价在实际教学进程中的效用得以清晰呈现。

4.2　人机协同赋能学习场景

4.2.1　个性化学习

学生学习水平的差异导致他们对课程知识的掌握程度不同，因此，个性化学习辅导对于解答学生问题、提升教学效果是非常必要且非常重要的。一般来说，智能教育机器人支持的个性化学习包括个性化答疑、个性化资源推送等。基于智能学习系统的个性化答疑通常由学生主动发起，他们会根据学习过程中产生的疑问和发现的问题主动提问，寻求帮助，智能学习系统通过检索知识库或网页信息，给学生提供辅导。个性化资源推送根据学生的学习情况进行分析，为他们推送适合的学习资源，协助学生自主学习。生成式人工智能的发展，使个性化辅导能够借助大模型强大的智能检索和生成能力，让个性化答疑、个性化资源推送更加精准地匹配学生的实际情况，从而为学生提供适切、精准的教学辅导。

接下来，以"基于 AIGC 的学生个性化辅导"为例，呈现虚拟化身 AIGC 对一位在校初中生在课后进行个性化答疑和辅导的过程。由学生发起对话，如图 4-2 所示，虚拟化身 AIGC 一步步地引导学生思考，实现递进式的问题聚焦和迭代式问答。在对话过程中，AIGC 不仅能纠正学生的语法和发音错误，还能引导学生深入思考，从而帮助学生逐步提升口语表达的准确性和流畅性。

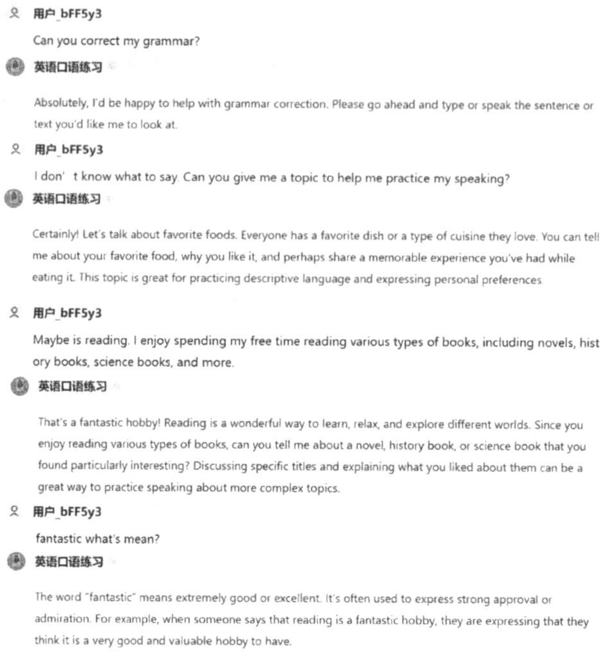

```
用户_bFF5y3
Can you correct my grammar?

英语口语练习
Absolutely, I'd be happy to help with grammar correction. Please go ahead and type or speak the sentence or text you'd like me to look at.

用户_bFF5y3
I don't know what to say. Can you give me a topic to help me practice my speaking?

英语口语练习
Certainly! Let's talk about favorite foods. Everyone has a favorite dish or a type of cuisine they love. You can tell me about your favorite food, why you like it, and perhaps share a memorable experience you've had while eating it. This topic is great for practicing descriptive language and expressing personal preferences.

用户_bFF5y3
Maybe is reading. I enjoy spending my free time reading various types of books, including novels, history books, science books, and more.

英语口语练习
That's a fantastic hobby! Reading is a wonderful way to learn, relax, and explore different worlds. Since you enjoy reading various types of books, can you tell me about a novel, history book, or science book that you found particularly interesting? Discussing specific titles and explaining what you liked about them can be a great way to practice speaking about more complex topics.

用户_bFF5y3
fantastic what's mean?

英语口语练习
The word "fantastic" means extremely good or excellent. It's often used to express strong approval or admiration. For example, when someone says that reading is a fantastic hobby, they are expressing that they think it is a very good and valuable hobby to have.
```

图 4-2 基于 AIGC 的学生个性化辅导

在辅导过程中，AIGC 通过学生的问题和对话了解他们当前的状态及存在的问题，从而提供具有针对性的口语训练内容和建议。AIGC 会从生活情境出发，为学生营造口语交流的环境，根据学生的回答情况，适时地引入更复杂的词汇和句式，鼓励学生尝试运用更高级的表达方式。同时，AIGC 会根据学生的学习进度和反馈，为他们制订个性化的口语提升计划，如日常练习、模拟对话、话题讨论等，确保学生的口语能力得到全面、系统的提升。这种个性化的辅导方式使学生能够在轻松、愉快的氛围中不断提升自己的口语水平。

4.2.2 自主学习

自主学习主要包括课前预习、课中的主动探究及课后复习。智能教育机器人主要解答学生在预习、探究和复习中提出的疑问，帮助他们进行重难点梳理、内容预习、知识点复习、设计对话练习、听写测验等。

以"基于智能教育机器人的课后知识复习"为例，演示智能教育机器人如何协助学生进行课后知识复习。学生课后复习知识内容时，智能教育机器人会以提问的方式引导学生回顾本节课的知识点，以唤醒学生的记忆。学生回答智能教育机器人提出的问题后，智能教育机器人会对学生的回答做出反应，并鼓励学生主动学习。教学活动设计如表 4-2 所示。

表 4-2 基于智能教育机器人的课后知识复习

场景名称：课后知识复习		
环境要求：具备网络通信条件		
参与者：智能教育机器人（简称机器人）、学生、学科教师		
教学场景描述： 课后，学生要进行知识内容的复习，并与机器人通过一对一的问答，进行复习巩固，内容包括但不限于：单词、词汇、句式等		
场景应用目标： 机器人以提问的方式引导学生对上节课知识点进行回顾，唤醒学生的知识记忆		
活动阶段		活动过程
准备		教师开启机器人电源和智能语音交流功能，将课堂教学知识点上传，并同步至机器人的资料库中，鼓励学生与机器人进行知识回顾
实施		Step1： 当学生站到机器人面前时，机器人对其进行人脸识别，并进行信息登记与确认，进入"知识复习"活动状态。 Step2： 学生自主选择知识点或练习题，机器人链接学科知识题库，向学生呈现相应问题，例如机器人说"××同学，请你选择一个喜欢的数字"学生选择数字后，机器人从题库中提取问题，并说"××同学，请回答××问题"。 Step3： 学生回答机器人提出的问题，机器人对学生的回答做出反应：如果学生回答正确，机器人进行教学激励；如果学生回答错误，机器人发出错误提示，重复上述步骤，并鼓励学生再接再厉

以上案例中，智能教育机器人通过提问的方式，帮助学生复习课堂内容，加深他们对课堂知识的理解。在学生主动学习的过程中，智能教育机器人不仅能通过解答学生问题和提供主动引导解决学习难点，还能通过融入教育游戏、列出详细的学习提纲、及时回应学生的各种疑问，有效减轻学生在自主学习过程中的顾虑，调动学生自主学习的积极性。

4.2.3 自适应学习

自适应学习系统通过人机协同，实现个性化的学习支持。该系统首先利用 AI 技术分析学生的认知水平、学习习惯和学习风格，获取他们在不同学科中的表现数据，并据此提供与其能力相匹配的学习资源。在这一过程中，人机协同发挥了关键作用：智能机器负责智能分析和个性化推荐，而学生则通过与智能机器的交互不断调整学习进度和目标，从而形成动态的自适应学习路径。

在自适应学习的过程中，呈现出以下几个特点：

其一，智能机器并非简单地提供答案，而是引导学生逐步思考问题背后的逻辑。借助这种逐步引导的方式，能够让学生在学习过程中更好地理解知识的内在联系。

其二，智能机器会不断地为学生提供实时反馈，帮助学生识别自己在学习过程中的弱点和错误，确保学习内容始终符合学生的认知水平。学生在学习过程中得到即时的纠错和激励，进而保持学习的动力和信心。

其三，智能机器会持续监测学生的学习进展，自动调整学习材料的难度、深度和复杂度。智能机器可以根据学生的学习反馈自动调整题目难度或推荐个性化的练习题。通过实时调整学习路径，确保每个学生都能在最适合自己的节奏下进行学习，从而使学习过程更加高效且具有针对性。

同时，在自适应学习过程中，AI会持续监测学生的学习进度，识别出他们的优势和弱点。例如，AI可以根据学生的学习反馈，自动调整难度层级或推荐个性化练习题。人机协同在此体现为AI对学生学习路径的实时适应，确保每位学生都能够在最合适的节奏中实现进步，使得学习过程更加高效且具有针对性。

4.2.4 心理健康支持

AI心理健康伙伴依托大模型和多模态技术，具备实时与用户进行对话的能力，能理解并深入分析用户的心理状态。以孩子为例，当他们与AI心理健康伙伴聊天时，该智能机器能够识别孩子的语气、情绪变化，甚至是语言背后潜藏的情感。如果孩子表露出焦虑或烦恼等情绪，智能机器不仅能提供安慰，还能适时地给出建议，帮助他们疏导情绪。例如，当AI察觉到孩子因考试压力而心生焦虑时，会主动推荐一些行之有效的减压方法，如深呼吸、正念冥想或时间管理技巧。同时，智能机器可以记录与孩子的对话内容和孩子的情绪变化趋势，从而生成个性化的干预方案，提醒孩子放松身心，或者鼓励他们进行正向思维训练。

此外，AI心理健康伙伴能够通过持续互动，逐步了解孩子的行为模式和情感需求。如果孩子多次表达出社交方面的困惑或孤独感，AI心理健康伙伴便能通过数据分析识别孩子潜在的心理问题，并提供针对性的建议，例如，如何建立更好的同伴关系，如何处理负面情绪或者如何增强社交自信心。

4.3 人机协同赋能管理场景

目前，教育管理平台已广泛应用于学校的教学管理、教务管理、区域管理等各类管理工作，教育管理平台与管理人员的协同工作对规范管理流程、提升管理质量有很重要的作用。随着人工智能的发展，学校管理工作进一步向数字化迈进，管理人员在管理的大部分环节都实现了与智能平台的协同工作，如班级管理与学生活动组织、教务和教学管理、数据分析招生工作、设备管理及后勤服务等。管理工作的人机协同和数字化发展，一方面理顺了各类管理环节的流程，减轻了管理人员的工作量和工作压力，提高了办事效率；另一方面为师生提供了更具针对性的管理服务和创新性活动及体验，提升了师生对学校的认同感。

4.3.1 教学管理

在教学管理领域，人机协同的应用正在逐步改变传统的教学管理模式。智能算法赋能的教学管理平台能够根据学生的兴趣、能力及历史表现，提供个性化的课程推荐。在这一过程中，智能平台会根据教师提供的课程目标和教学策略进行数据分析，为教师提供具体的课程建议，辅助教师进行教学内容的补充和调整，从而实现教学内容的精准对接和优化。教师既可以直接使用系统提供的数据和建议，也能结合实际教学情况进行调整，以保证教学内容与学生需求精准对接。

人工智能技术的引入使教育管理平台能够实时监控学生的学习进度和成绩，通过数据分析预测学生的表现趋势。这一机制能够帮助教师及时发现学习有困难的学生，并根据学生的具体情况提供个性化辅导建议，针对性地解决学习问题，这为教师提供了有力的教学决策支持。

此外，教学督导平台通过采集师生在课堂教学中的行为数据，利用 AI 智能统计分析技术，自动生成课堂教学的大数据报告。在管理人员与智能系统的协同合作中，管理人员负责提供实际观察和反馈记录，智能系统则进行数据分析和报告生成，形成闭环反馈机制。这些报告为教研评课提供了可视化的数据支撑，帮助教育管理者和教师更直观地理解教学效果，从而进行有效的教学改进。

通过这种人机协同的管理模式，教学管理不仅变得更加高效和精准，而且能够更好地满足学生的个性化学习需求，提升教学质量，实现教学管理的现代化和智能化。

4.3.2 教务管理

随着人工智能的发展，越来越多的教务管理工作由人与智能机器的协同来完成。特别是在生成式人工智能技术的推动下，教学管理工作变得更加智能。例如，在分班环节，智能教务管理系统能够根据学生的学习需求、学习特点和知识水平进行智能分班，将具有相似学习需求和特征的学生分配到同一个班级，这有助于学生间的互动和教师的统一教学。在排课环节，系统通过采集师生教与学的时间、学习特点和需求，综合考虑各科目的教学目标、师资情况，为学生提供符合其需求和特点的教学安排。在此过程中，管理人员能够实时监控系统的运行状态，并根据实际情况进行必要的人工干预与调整，确保排课方案的合理性与可行性。如当某个班级的学习进度滞后于系统预期时，管理人员可以及时调整课程安排或增设辅导课，以满足学生的学习需求。

此外，在学生学籍管理、毕业管理和成绩管理等环节，目前大多数学校采用人工和智能管理系统协同的方式进行。借助智能机器管理策略，学校能够实现数据的集中管理和实时更新，既确保信息的规范存储，便于教师快速查询学生的学习进展和在校表现，也便于学生访问自己的学籍信息。同时，这种管理模式利用智能系统自动处理大量数据，大幅减轻了教务人员在数据管理和信息存储方面的工作负担，有效降低了因手动操作导致的错误率，提高了数据的准确性和可靠性。通过这种人机协同的管理模式，学校能够以更高的效率和精度执行教学管理任务，从而显著提升教育质量和管理效能。

4.3.3 区域管理

数据管理和分析是学校政策制定、教育规划、未来趋势预测的依据，在学校政策导向和发展决策中发挥着至关重要的作用。随着数字化技术的发展，目前学校的教学、教务、招生等重要业务数据都已实现数字化和可视化，管理人员应用电子化、可视化数据可更好地进行政策制定和决策。通过对数据的分析，管理人员能够深入洞察数据之间的联系、深层信息和内涵，发现学校教学、教务等业务流程中的规律、问题，为管理层的精准决策提供支持。

以"区域教育数据大脑"为例，系统首先通过先进的传感器和数据采集技术，自动收集各学校的实时数据，包括健康信息、食品安全情况和学位情况等。这一过程由智能机器完成，确保了数据的实时性和准确性。随后，收集到的数据被传输到中央数据平台，智能机器利用算法进行分析，识别出潜在的风险和趋势。例如，当某项指标超过设定的安全阈值时，系统会自动生成预警信息。此时，智能机器不仅在数据处理上发挥了作用，还为管理人员提供了决策支持。管理人员则负责对这些数据和分析结果进行解读与应用。他们可以基于系统提供的实时数据和预警信息，迅速采取应对措施，如调整资源分配方案或启动应急预案。这种人机协同方式不仅提高了管理效率，还确保了决策的科学性和及时性。

通过这种人机协同的方式，数据大脑实现了对区域教育管理的全面支持，使教育管理者能够更好地理解和应对复杂的教育环境，最终提升教育管理的整体效能。区域教育数据大脑预测平台如图4-3所示。

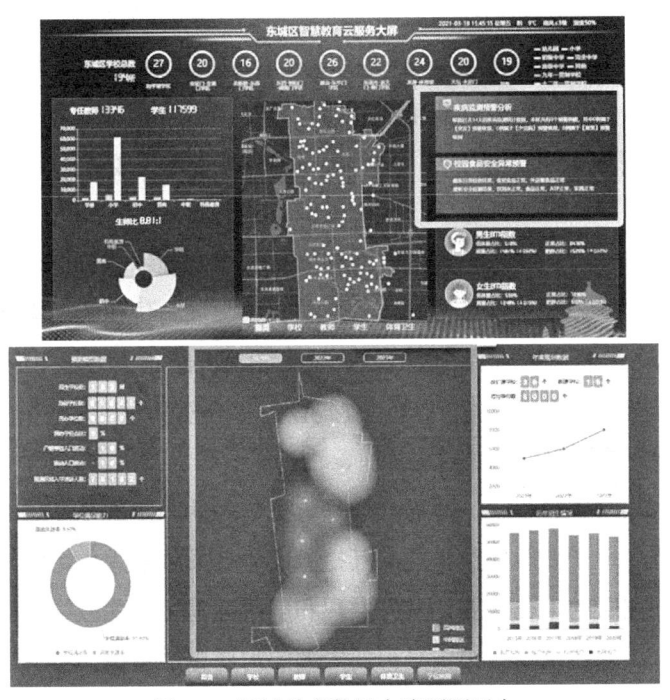

图4-3 区域教育数据大脑预测平台

4.4 人机协同赋能教研场景

在现代教育中，教学研究的"研"是提升教育质量和教师专业水平的重要环节。通过科学的教学研究，教师能够讨论、合作、分享和创新教学模式，改进教学方法，优化课程设计，从而提升自身的专业能力和教学水平，最终提高教育质量。在这一过程中，人机协同教育的"研"场景通过技术与人类的智慧结合，提升了教学团队组建和管理的效率，优化了教研活动效果，丰富了培训与交流的形式，使教研活动能够更加高效、有序和精准地开展。同时，学校利用教学系统提供的丰富教研资源、记录和分析的教研过程，提出科学的改进建议，有效推动了教师队伍的建设、教研活动的组织与实施、教研效果的评估与改进，以及培训与交流等教研过程的系统化和持续化，为提升教育质量和教师专业发展提供了有力支持。

4.4.1 教师队伍建设

教师队伍建设是确保高质量教学研究的基础。通过科学地组建团队，可以发挥每位教师的优势，形成合力，提高教学研究的效率和效果。人机协同教育背景下，技术在团队组建中发挥着重要作用。系统通过收集教师的专业背景、教学经验和特长信息，进行分析和智能匹配，从而实现团队成员的科学选择和优化分工。

以某大学《计算机基础》课程组组建网络教学实施团队为例，该团队的目标是全面推进人才培养模式改革，建立跨区域、跨领域的协作式教学团队。团队在教务系统统计、分析课程选课学生情况，然后根据分析结果为学生配置辅导教师。同时团队通过电话、论坛等多种沟通方式督促各分院和学习中心通知学生选课、上线学习，并让其按要求为学生配备辅导教师。

在教学团队组建过程中，智能教学平台可以帮助团队进行高效的任务分工和进度管理，确保每个团队成员都能在其擅长的领域发挥最大作用。其次，平台还可以实时监控团队的工作进展，及时发现和解决问题，确保教学活动按计划顺利进行。同时，团队通过利用协作平台使内部的沟通更加便捷，实现信息的实时共享，确保成员能够随时获取最新的研究进展和资料，这有利于保持成员间的紧密联系和高效协作，促进合作和创新。通过在线人机协同，教学团队的组建和运行变得更加科学和高效，从而为教研活动的顺利开展奠定坚实基础。

4.4.2 教师集体教研

集体教研是提升教师专业水平和教学质量的重要途径。通过集体教研，教师们可以交流教学经验，分享优秀的教学方法，讨论学科内容并解决教学过程中遇到的问题。智能平台提供了丰富的教研资源，其中包括最新的教育研究成果、优秀的教学案例和专业的培训课程，帮助教师获取最新的教学信息和方法。此外，数据挖掘和智能推荐系统，根据教师的研究方向和兴趣，推荐相关的研究资料和培训课程，从而提高教研活动的针对性和实效性。再者，智能平台提供了便捷的沟通和协作工具，使教研活动能够高效、有序地进行。此外，智能平台还可以对教研活动进行全过程的记录和分析，对教研活动的效果进行评估，发现问题和不足，提供科学的改进建议，同时可以分析教师在教研活动中的参与度和贡献度，评估教研活动的效果，帮助教师不断改进教研方法，提高教研水平。

4.5 人机协同赋能评价场景

学生学习评价和教师教学评价是衡量学生学习成效和教师教学效果的关键手段，同时是改进教学方法和提升教育质量的重要依据。在人机协同教育环境中，利用先进的数据收集与分析技术，可以实现全面、精准和个性化的评估。AI技术的应用，使得教与学数据的收集与分析更加高效，学生的学习评价和教师教学评价更加科学和全面，推动教育质量与教学效果的持续提升。

4.5.1 智能阅卷

学生学习评价是教育体系中的关键组成部分，其目的在于评估学生的学习效果，识别学习中的问题，并为教师调整教学方法提供科学依据。现代教育技术的发展，特别是人工智能的应用，为学生学习评价提供了全新的手段和方法。

以"自动化测评系统"为例，可以模仿真人进行作业批改和留痕打印，并进行内容评价。自动化测评系统是一种基于人工智能和自然语言处理技术的计算机辅助评分系统，它可以自动对学生的作品进行评估，根据评分标准和算法，给出相应的分数和评价。

某智能批阅机是一款利用人工智能技术进行自动判卷的机器。该批阅机能够自动识别手写答卷，并对主观题和客观题进行评分。其智能评分系统基于大量的数据训练，能够精确地评估学生的答案。此外，智能批阅机还具有试题生成功能，能够根据学生的学习情况自动生成个性化的试卷，用于形成性考核和总结性考试。在线考试功能则通过网络平台实现，支持实时监控和自动评分。智能批阅机借助 AI 技术，极大地提升了学生学习评价的效率和准确性。智能批阅机根据教师输入的批阅规则实现自动判卷，显著缩短评卷时间，提高工作效率，减轻了教师的工作负担。个性化试题生成功能根据学生的学习数据，生成有针对性的试题，助力学生进行个性化学习，不仅能够提高学生的学习兴趣，还能帮助学生针对薄弱环节进行强化训练，从而提升学习效果。例如，某学生在数学学习中对几何部分理解不透彻，系统可以自动生成几何相关的练习题，帮助其巩固知识点。在线考试功能通过网络平台实现，支持实时监控和自动评分，确保考试的公正性和透明度。实时监控功能有效防止了考试作弊行为，自动评分功能则大大缩短了考试结果反馈的时间，使学生能够及时了解自己在考试中的表现。智能批阅机的应用不局限于单一学科，它能广泛应用于各类学科的考试与评估中。通过对不同学科考试数据的收集与分析，教育机构可以全面了解学生的学业水平和学习进展，为教学策略的调整提供数据支持。例如，在语文学科中，系统可以通过分析学生的作文评分数据，识别学生普遍存在的写作问题，并针对这些问题提供相应的教学建议。此外，智能批阅机还具有重要的教育公平意义。在传统的考试评估方式中，评分的主观性和人为误差难以避免，而智能批阅机通过标准化的评分系统，确保每位学生的试卷得到公平、公正的评判。

这一案例展示了教师和人工智能协同在学生学习评价中的巨大潜力，为未来教育评价体系的创新发展提供了宝贵的经验和参考价值。

4.5.2　课堂评价

教师教学评价在现代教育体系中具有重要意义，它不仅是提升教学质量和教师专业水平的关键途径，也是教育管理和决策制定的重要依据。有效的教师教学评价体系能够提供客观、全面的数据支持，帮助教师了解自身教学中的优点与不足，进而不断改进教学方法，提高教育效果。以"课堂分析系统"为例，该系统借助摄像机、传感器等设备采集课堂数据，获得师生的言语行为、非言语行为、心理数据等多模态数据，进而分析并抽取出课堂中师生的话语结构、语音语调、面部表情、学生注意力等课堂信息，对课堂进行综合性评价。例如，借助 iFIAS（改进德斯互动分析系统，由传统的弗兰德互动分析系统发展而来，它在教育研究和课堂分析领域中发挥了重要作用，为教师们提供了科学的课堂教学质量评估

第4章 人机协同教育的应用场景

和改进途径），可以对课堂上教师语言、学生语言、有益于教学的沉寂、技术使用等进行科学的量化分析，协助教师更细致地分析课堂动态，如图4-4所示。该工具还能通过识别异常值、突出值等关键数据点来探究导致这些现象的原因，帮助教师进行自我反思和改进[①]。

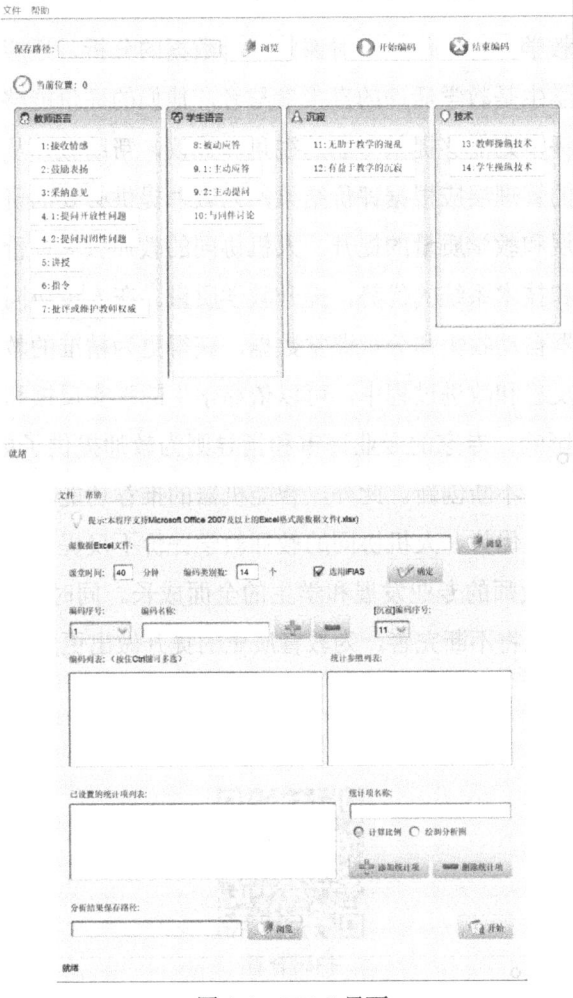

图 4-4 iFIAS 界面

以某中学为例，该校在学期初选择了10位教师进行实验，通过摄录像设备记录每位教师的课堂教学过程。iFIAS 对这些视频进行每3秒一次的人工行为标注，并自动生成详细的课堂行为数据报告。这些报告包括教师的讲授时间、提问

---

① 方海光, 高辰柱, 陈佳. 改进型弗兰德斯互动分析系统及其应用 [J]. 中国电化教育, 2012 (10): 109-113.

次数、回应学生问题的次数、与学生互动的频率、课堂管理行为等多项指标，还包括非言语行为分析，如移动距离、眼神交流时间、板书时间等。通过这些数据，学校能够全面了解教师的课堂行为，并为每位教师提供个性化的反馈和建议。在应用 iFIAS 对教学过程进行评价时，教师需要理解数据背后的教学意义并具备一定的教育理论素养和反思能力，这样才能在实际教学中做出有效的改进。

此外，教师教学评价不仅限于对课堂行为数据的分析，还应包括学生的反馈和专家的评审。学生是教学活动的直接参与者，他们的评价能够反映教师教学的实际效果。专家评审则能够提供专业的视角和建议，帮助教师从更高的层面改进教学方法。学校的管理层应根据评价结果，为教师提供必要的资源和支持，以促进教师的专业发展和教学质量的提升。人机协同的教师教学评价能够有效整合教师、学生、专家和技术系统的优势，提升教学质量。在人机协同的模式下，教师可以利用智能机器自动收集和分析课堂数据，获得更为精准的教学效果反馈。同时，教师在自我反思和改进过程中，可以依靠学生的真实反馈和学习成果，了解自身教学的实际影响。专家的专业评审和指导则为教师提供了更深层次的见解，帮助其在教学方法上不断创新。此外，智能机器的推荐功能可以为教师提供相关教学资源。综合上述优势，人机协同的教师教学评价不仅提高了评价的客观性和科学性，还促进了教师的专业发展和学生的全面成长。同时，随着技术的发展，教师教学评价体系也将不断完善，为教育质量的提升做出更大贡献。

实践参考

扫码查看

第 5 章　人机协同教育教学的应用设计

5.1　从传统课堂教学走向人机协同课堂教学

传统观点认为，课堂是学校教育体系和教学计划中用于系统性组织教学活动的物理空间，通常与"教室"这一概念相对应。然而，课堂的意义远不止于此，它不仅承载着物理空间的功能，还蕴含着信息交汇与社会互动等诸多含义。传统课堂作为知识传递和学习的主要场所，长期遵循"以教师为中心，以教材为中心，以课堂为中心"的三中心教学理念，强调教师的主体作用和知识的单向传递，忽视课堂的多重功能和潜力。

人机协同教育教学通过融合课堂的物理空间、信息空间和社会空间，构建一个三元空间结构，重塑传统课堂中师生的认知方式、行为模式和组织形式。在物理空间，人与机进行直接的实体交互，各自发挥其技能和认知优势，通过互补合作共同实现教学目标；在信息空间，机器智能源自人类智慧，通过算法程序，使人类的认知得以在机器中体现和扩展；在社会空间，机促进人与人之间的沟通，搭建认知交流的桥梁，激发认知的碰撞和融合，进而促进知识的共享与创新。基于人机协同关系，人机协同教育教学不仅可以增强师生间的认知互动，而且以一种动态且不断进化的方式，推动教育的良性发展。这种课堂教学的变革，不仅弥补了人类在处理大量信息和复杂任务时的局限性，还对传统课堂产生了深远影响，推动了课堂教学向更加智能化、个性化和高效化的方向发展。

在人机协同教育教学中，机特指一系列具备数字特征的工具、技术及平台，依据机的更迭和机应用于课堂的广度、深度，可以将人机协同教育教学的发展划分为三个阶段：信息课堂、数字课堂和智慧课堂。

1. 传统课堂

受技术条件和教学资源的限制，在进入 21 世纪前的很长一段时间内，我国常规的课堂教学主要依靠传统的"口头讲解、粉笔书写、课本讲授"的方式来向学生灌输知识①。在传统课堂上，教师以讲授式为主要教学组织形式，按照既定的教学计划和课程大纲进行教学；学生多处于被动接受的状态，通过听讲、记忆、理解来掌握课程内容，扮演着听众和记录者的角色，缺乏互动和主动探究的机会。传统课堂中的教学工具、手段及技术方法尽管可以在一定程度上替代教师的部分工作，起到辅助作用，但这些工具并不具备数字时代的特征，人机之间的关系仍停留在单一的工具使用层面。

2. 人机协同课堂

（1）信息课堂

作为教育信息化早期实践的一部分，信息课堂的侧重点在于高效搜集与应用信息资源。尽管这一阶段的技术应用相对简单，却显著提升了知识传递的速度和质量。教师通过信息技术检索并整合丰富的教学素材，使得课堂内容更加多元和深入。同时，多媒体技术的引入，如图像、音频和视频的融合使用，为学生提供了更加直观且互动性较强的学习体验。例如，教师可以通过多媒体技术以生动有趣的方式展示复杂的科学实验或历史事件，增强了人机协同的效果。然而，这种协同更多停留在辅助教学层面，而未深入到教学策略的深层次定制或学习路径的个性化设计。

（2）数字课堂

随着教育信息化应用水平的提升，主要任务转向利用 VR、机器人等新一代数字技术手段，推动教育变革与创新。这些技术能在多维度上更加精准地展现师生画像，为课堂教学提供更为精准的数字化服务，助力构建网络化、数字化、个性化、终身化的教育体系。教育数字化转型的持续推进催生了数字课堂这一新形态。在数字课堂中，人机关系进一步深化，逐步走向以服务为导向的协同模式，机器作为辅助工具，驱动高质量的教学决策，提供多项数字化服务。然而，这些服务往往指向单一的教学决策需求，缺乏深层次的技术整合和智能化特征，难以从宏观层面提供系统化、全面的决策支持。

（3）智慧课堂

物联网、云计算、大数据、人工智能等先进技术在课堂中的融合应用，构建

---

① 朱京曦，张志祯，陈书琴. 信息技术支持我国课堂教学变革的发展阶段和内在逻辑[J]. 中国远程教育，2023，43（03）：73-80.

了智能、高效的智慧课堂环境。智慧课堂的发展可以划分为起步探索、快速形成和生态重塑三个阶段。在起步探索阶段，智慧课堂主要关注学生智慧能力的培养，采用技术平移的方式进行技术研发。快速形成阶段注重技术与教学的深度融合，力求优化教学过程，提升教学质量。生态重塑阶段是智慧课堂理念、技术、产品及应用模式全面升级的时期，注重教学全过程的智能化和生态系统优化。当下，智慧课堂是人机协同教育教学发展的高级阶段的一种表现，人机关系通过集成多项智能服务走向互补、共生的发展样态。

因此，随着教育与技术的不断发展，人机协同教育教学已经成为教育创新的重要方向之一。从传统课堂到信息课堂、数字课堂，再到智慧课堂，我们见证了机器在教育领域中角色的演变。这一演变不仅改变了教学方式，还重塑了教师、学生和机器之间的互动关系，奠定了人机协同教育理论的实践基础，完善了人机协同教育理论应用系统，从而使教育更加个性化、高效化和智能化。

5.2 人机协同教育教学的四条路径

在人机协同教育理论的应用中，教师、学生、智能机器三者间的交互涵盖数据、信息、知识、智慧四条路径。这四条路径紧密交织，相互渗透，例如，数据路径可能蕴含着信息，信息路径则可能包含知识。在实际教学过程中，这四条路径并不遵循单一的线性发展模式，而是根据教学设计和实际需求灵活呈现，形成了多样化的交互模式。协同完成这四条路径中的交互任务是人机协同教育教学应用的关键，因此，深入探讨人机协同教育教学的四条路径，有助于教师掌握人机协同教育教学的实施规律，进而从整体上统筹规划教学路径的布局，同时从局部关注每条路径上的交互质量，确保学生在数据驱动、信息接收、知识学习和智慧生成的过程中，都能获得充分的引导与支持。

1. 人机协同教育教学的数据路径

在人机协同教育教学应用中，数据路径涵盖从数据收集到处理、分析、应用的全过程。智能机器在此路径中负责采集包括师生个人属性、学习环境、学生学习行为及师生交互等在内的各类数据，随后对这些原始数据进行清洗、整理，运用统计分析和数据挖掘等技术提炼有价值的信息并可视化，为教师提供教学决策的科学依据，帮助他们深入了解学生需求，制订个性化的教学计划。同时，学生可以依据个人学习数据，明确自己的学习优势与不足，有针对性地规划并调整学习策略。人机协同教育教学的数据路径在师生持续互动和智能机器的辅助下不断迭代优化，形成一个动态的、自我完善的教学和学习循环，显著提升了教学的精准性和学习的自主性。

2. 人机协同教育教学的信息路径

在人机协同教育教学的信息路径下，师、生、机三者均可作为独立个体发送、接收、处理并反馈信息，也可以作为一个整体对信息做出协同响应。例如，当教师发起讨论时，学生能接收信息并参与讨论，智能机器监测到学生在特定知识点上的疑问后，会及时推送补充材料和练习题，帮助学生深化理解。学生完成讨论后，能够即刻获取智能机器的反馈与解析，而教师则通过接收、处理来自学生和智能机器的信息，开展课堂讲解与指导工作。这一过程中，师、生、机三者流畅、准确的信息交互为人机协同教育教学系统的有效运行提供了坚实保障，有力促进了知识的传递和学生能力的培养。

3. 人机协同教育教学的知识路径

在人机协同教育教学应用场景下，知识路径体现为学生由浅入深的学习过程，涵盖学生对知识的识记、理解、应用、分析、评估及创造等认知阶段。记忆练习工具和互动式教学模块，可以帮助学生识记和理解；个性化练习和模拟实验，可以强化学生的应用能力；数据分析工具，可以培养学生的分析技巧；自动评分系统，可以辅助学生开展自我评估。与此同时，教师通过讲解、示例及引导讨论等方式，帮助学生深化理解、提升批判性思维和创新能力。例如，在学习数学公式时，首先，智能机器借助动画展示公式结构；然后，教师通过实例详细阐述其应用；接着，智能机器推送相关练习题，以加强学生的应用与分析能力。最终，在教师的悉心引导和智能机器的全力协助下，学生学会运用该公式解决复杂问题，甚至创造出新的解决方案。这一连贯的知识学习路径，不仅加深了学生对知识的掌握程度，而且促进了他们综合能力的提升，充分彰显了人机在教学过程中的协同效应。

4. 人机协同教育教学的智慧路径

在人机协同教育教学应用进程中，智慧路径构成了师—生—机智慧生成的关键环节。教师依托智能机器强大的数据处理与知识整合能力，快速精准地把握教学重点与难点，同时注重情感引导与道德示范，为学生创设既有深度又有温度的学习情境，进而激发学生的灵性与悟性。学生借助智能机器丰富的资源储备拓展自身认知边界，通过个性化学习提升感知、辨别、逻辑计算等能力，并且在教师的启迪下增强批判性与创造性思维，塑造正确的价值观与道德观。智能机器依据师生给予的反馈不断优化教学策略和资源推送模式，实现教学相长的良性循环，由此推动师、生、机三者在认知、情感与道德多层面实现智慧的协同发展，提升教育教学的整体成效与质量。

5.3 人机协同教育教学的应用机理

人工智能时代下的人机协同教育教学是一种富有创新性的教学模式，正在逐步重塑教育生态的主阵地。尽管人工智能技术在教育领域的应用日益广泛，但人机协同教育教学的系统化和规模化应用仍处于探索阶段，并且面临诸多挑战。一方面，人工智能技术的普及和应用需要跨越一系列技术门槛——硬件设施的配备、软件系统的开发和维护。另一方面，人机协同教育教学的有效性在很大程度上依赖人机之间的深度协同。这要求教师转变传统的技术工具思维，在教学过程中通过明确的状态设定、目标规划、任务执行、反馈与调整等多轮互动，实现与学生及智能机器的高效协同。因此，为推动人机协同教育教学的规模化和系统化应用，深入理解和讨论人机协同教育教学理论的应用机理至关重要，这包括对人机协同教育教学协议框架、交互流程、协同方式等方面的探讨。

5.3.1 人机协同教育教学应用的分工协议

在经典活动理论框架下，活动的六个核心要素分别为主体、客体、共同体、分工、规则和工具。在以智能机器为辅助的人机协同教育教学模式中，教师作为活动的主体，发起并主导协同教学活动。智能机器则在这一过程中扮演共同体的角色，化身学生的学习伙伴。为保障教师与智能机器有序、高效地协同工作，需要制定并遵循一定的活动规则，这些规则就是人机协同教育教学协议。人机协同教育教学协议是一套系统性的指导准则，旨在明确师、生、机在教学活动中如何协同工作，以实现教学和学习目标。人机协同教育教学协议由教师、学生、智能机器、场景四个核心要素及对应的协同规则组成，如图5-1所示。

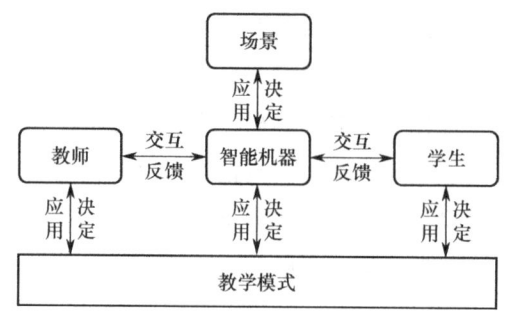

图 5-1 人机协同教育教学协议

（1）教师和学生在人机协同教育教学中占据核心地位，将发起或触发协同活动，并与智能机器进行持续的交互和反馈。在这个过程中，教师可以通过智能机器提供的数据和工具，更深入地了解学生的学习状态，进而设计出更有针对性的教学方案；而学生则在教师的引导下，通过智能机器的辅助，更主动地探索知识。

（2）智能机器在人机协同教育教学中的角色是多元的，它们能够以工具、导师、学习伙伴等多种角色，深度融入教学和学习过程，为师生提供丰富多样的支持。

（3）场景是指师生和智能机器在特定空间和时间维度内进行的一系列交互，决定着智能机器在教学中发挥的主要功能。例如，在课堂中，需要重现历史事件，让学生仿佛置身于历史现场，从而加深他们对历史事件的理解，该场景的设定决定了智能机器必须具有虚拟现实的功能。

（4）教学模式的选择取决于四个核心要素的协同作用。例如，教师可依据智能机器所提供的学生学习监测数据，评估学生在场景中的学习效果，进而调整教学方法和策略，不断优化和改进教学模式。

（5）协议各要素间存在相互作用。当对其中一个要素施加影响时，其他要素会呈现协调一致、相互配合的状态。例如，当教师决定在课堂上引入一个新的教学主题时，智能机器需要根据这一变化调整其提供的学习资源和辅助工具，以更好地服务新的教学需求。同时，学生也需要根据这一变化，调整他们的学习策略和预期目标，以确保学习过程的连贯性和有效性。此外，教学场景也需要进行相应的调整，以适应新的教学内容和活动。

5.3.2 人机协同教育教学应用的交互流程

在人机协同教育教学协议中，教师、学生与智能机器三者之间的交互反馈是人机协同完成教学任务的基础，对课堂教学应用中人机交互一般流程的梳理有助于教学活动的高效组织和教学资源的优化配置。在课堂教学应用中，教师或学生向智能机器发送指令，智能机器对该指令进行分解和推理，产生四种不同的结果并呈现出来，一般流程如图 5-2 所示。

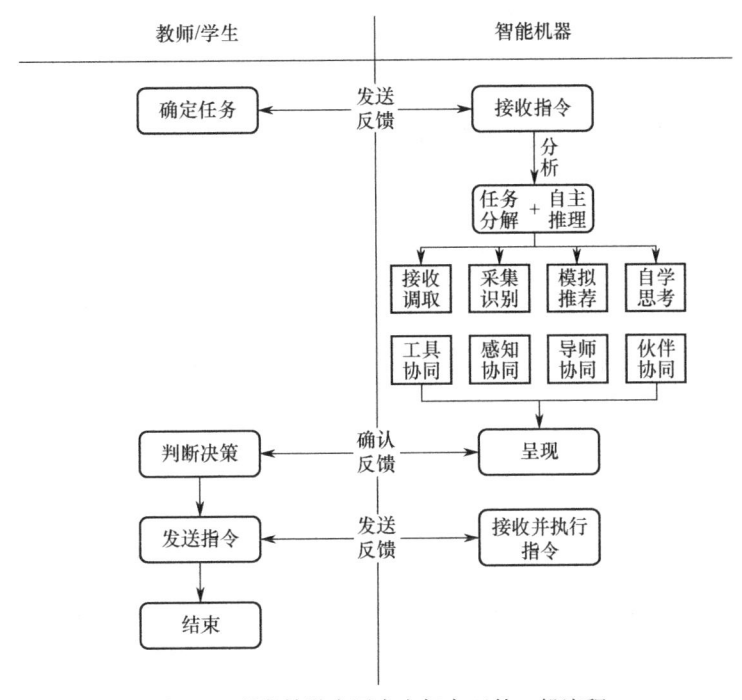

图 5-2 课堂教学应用中人机交互的一般流程

在此流程中，教师首先确定任务并向智能机器发送指令，智能机器接收指令后对任务进行分解。凭借其强大的推理能力，智能机器会根据不同场景的需求，采取相应的行动。当推理的结果显示该场景仅需要简单执行指令时，智能机器便会接收教师指令，调取相关数据，此时体现的是工具协同。例如，智能机器会自动调取与学习主题相关的文献和资料，供学生预习和课堂讨论时使用。当推理的结果显示该场景需要完成识别任务时，智能机器则会对识别对象的信息进行采集，并进一步识别该对象的语音、文字、图片等相关信息，该过程体现的是感知协同。例如，通过图像识别技术，智能机器能够帮助学生理解与学习主题相关的图片资料，并提供详尽的知识背景。当推理的结果显示，此时的智能机器需要进行指导或提出建议时，它会通过学习模拟教师在这种情况下的处理方式，并结合数据给出的个性化推荐建议，为学生提供详细的解析和个性化的解答，这体现的是导师协同。若智能机器推理结果显示需要与学生进行开放性的交流，而不仅仅是封闭、简单的问答时，智能机器会进行思考和自学。在与学生的交互过程中，智能机器会不断更新其规则和策略，与学生成为学习伙伴，鼓励学生表达自己的观点，并在交流中提供适时的反馈和引导，这体现的是伙伴协同。在完成以上推理后，智能机器会呈现其决策结果，教师对该决策进行判断，再次向智能机器发送执行或不执行指令的反馈信息，智能机器接收并执行教师的指令。

5.3.3 人机协同教育教学应用中的协同模式

人机协同教育教学应用的交互流程中，依据智能机器的推理结果，可将人机的协同模式明确划分为工具协同、感知协同、导师协同和伙伴协同四种。在人机协同教育教学中，教师和学生同时具备认知智能、情感智能、智趣智能和创新智能，而智能机器在执行任务时通常不同时具备计算智能、感知智能、认知智能和社会智能，因此四种协同模式将按照智能机器由低级到高级的四种智能进行划分，如图5-3所示。当智能机器只具备计算智能时，其与教师的协同主要体现为工具协同模式。在此基础上，当智能机器进一步具备感知智能时，其与教师的协同主要体现为感知协同模式。当智能机器同时具备计算智能和感知智能时，此时所体现的人机协同模式为导师协同。当智能机器在计算智能、感知智能、认知智能的基础上进一步具备社会智能时，此时所体现的人机协同模式为伙伴协同。

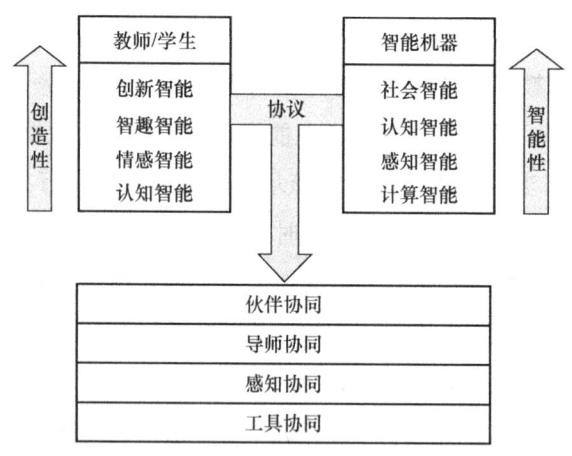

图 5-3 人机协同教育教学应用中的协同模式

1. 工具协同

工具协同是指智能机器只具备计算智能，计算智能表现为数据的检索、记忆、存储和加工能力。在这种协同模式下，智能机器可以及时调取知识，并根据设计的规则完成大规模的低层次工作。当师生向智能机器发送指令时，智能机器只需要接收并执行该指令即可，如图 5-4 所示。这种协同属于低层次的人机协同模式，体现为智能机器在已有的规则下接收师生指令，调取相应数据，主要完成简单的重复性工作，如根据指令完成作业的批改、文本的阅读、演示文稿的展示及音视频的播放等任务。

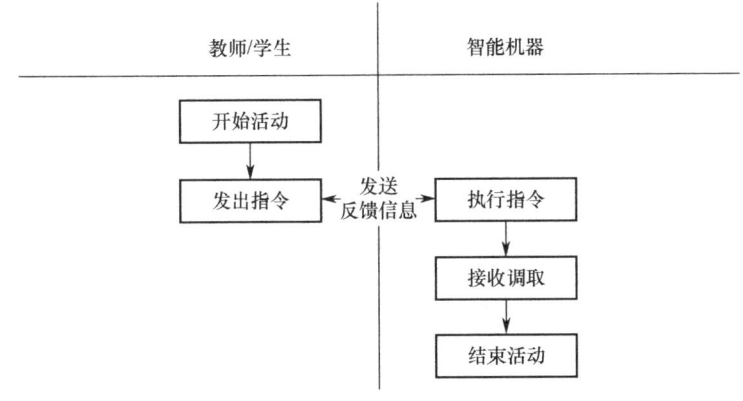

图 5-4 工具协同的一般过程

2. 感知协同

感知协同是指智能机器同时具备计算智能和感知智能，从而能够与师生进行更为深入的交互和协同。在这种协同模式下，智能机器不仅具备强大的数据检索、记忆、存储和加工能力，还具备在视觉、听觉、触觉等多方面的感知能力。当智能机器接收到师生的指令时，会采集相关数据，并对其进行识别，师生根据识别出的内容进行适当的补充，如图 5-5 所示。

3. 导师协同

导师协同是指智能机器在具备计算智能和感知智能的基础上，进一步拥有认知智能。认知智能是指智能机器需要在处理结构化数据的基础上，理解各数据之间的关系，并在理解的基础上进行分析和决策。当智能机器接收到师生的任务指令时，能够将该任务进行分解，进一步推理出任务的解决方案，并将该方案的反馈信息推荐给师生，供其判断和选择。如图 5-6 所示。例如，智能机器能够通过设置好的数据模型，学习教师在复杂教育教学情境下处理问题的方法和策略；还能够通过精准分析学生数据，结合复杂情境，为学生提供个性化的学习指导与反馈。

图 5-5　感知协同的一般过程

图 5-6　导师协同的一般过程

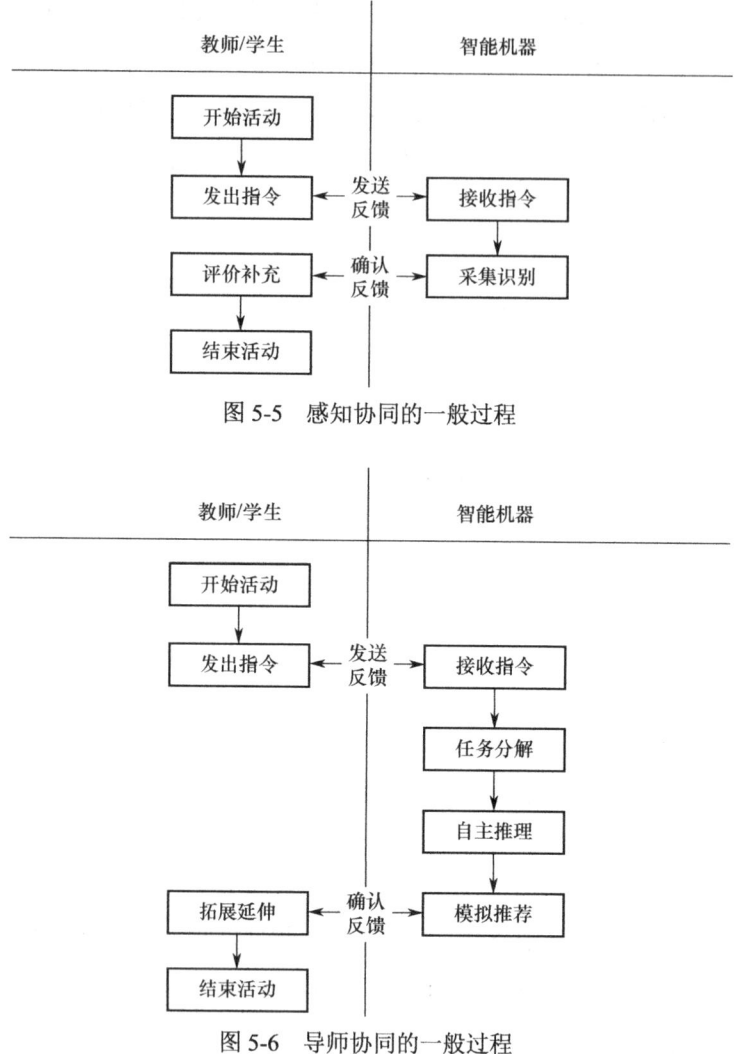

4. 伙伴协同

在伙伴协同中，智能机器展现了最高层次的智能——社会智能，同时具备计算智能、感知智能和认知智能，一般过程如图 5-7 所示。智能机器的社会智能是指，当人类进入强人工智能新纪元时，智能机器将具备主体性，可以与周边环境进行交互。当师生与具备社会智能的机器进行交互时，智能机器通过识别相应信息，可以自主更新自身的知识库，不再依赖设置好的数据规则来处理问题。相反，它能在与师生的合作与交互中自主习得新的规则，与教师共同解决实际的教学问题，如在小组合作时，与学生进行交流和讨论。在伙伴协同模式下，智能机

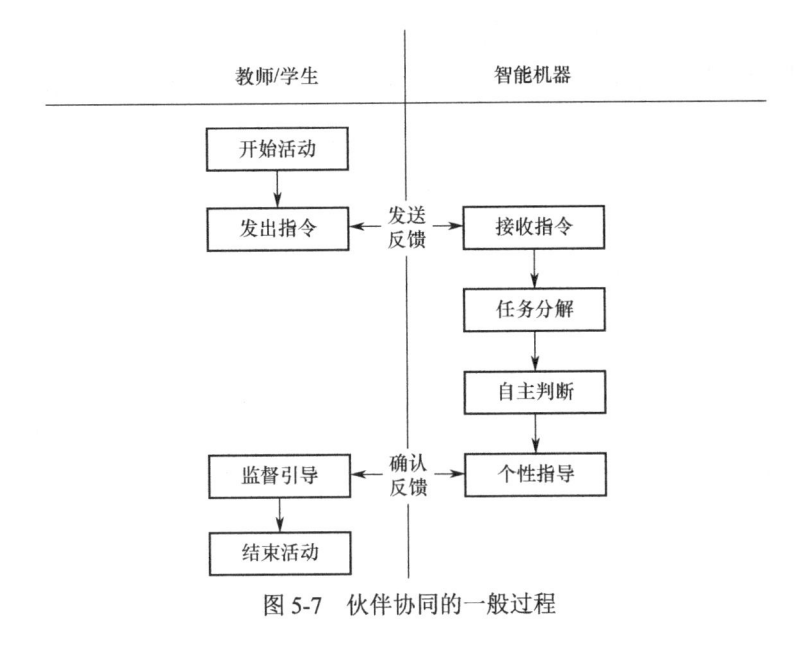

器可以和师生共同学习，成为学习伙伴。

图 5-7 伙伴协同的一般过程

5.4 人机协同教育教学的方案设计

人机协同教育教学已成为当前教育教学创新的主流形式之一。人机协同教育教学理论应用设计，是顺利开展人机协同教育教学、促进人机深度协同、学生深度学习的前提条件。然而，由于缺乏系统而完备的设计思路和指导框架，教师在设计人机协同教育教学时，往往容易陷入"为使用机而应用机"的误区，从而忽略人机协同教学的核心实践原则，即"需要机而应用机"。因此，我们必须超越单一的技术应用层面，深入探索并构建一个以需求为导向、以效果为核心的人机协同教育教学应用设计框架，以实现教育技术与教学实践的深层次融合。

5.4.1 人机协同教育教学应用的设计思路

学校在引进智能机器时，应当进行详尽的功能分析，并基于功能分析来选择智能机器能够胜任的教学场景，进而形成智能机器课堂应用指南。

教师设计人机协同教育教学时，首先要明确教学内容，即确定具体的教学主题和任务。教学任务的不同性质将指导教学活动的分类，例如，新授课注重新知识的传授，作业课侧重于学生作业的独立完成，复习课旨在帮助学生巩固和回顾所学知识，习题讲授课专注于问题解决技巧的讲解，实验课则强调实践操作和科学探究。这些分类将为智能机器应用场景的选取提供依据。其次，教师需确定教学方法，在选择教学方法时，应综合考虑学情、教学目标、教学内容特点、资源可用性，注重评估需求。例如，抛锚式教学法适用于把学生置于真实情境，通过问题解决来促进深度学习；小组合作学习法则能够培养学生的团队协作和沟通能力。接下来，教师将在明确教学内容和教学方法的基础上，定义具体的教学需求，并依据这些需求选择适配的智能机器应用场景。例如，智能机器可以完成陈述性知识的讲解，那么在新授课中，它便可以在情境导入时扮演教师的角色。总而言之，智能机器的功能决定了它能够实现的场景，而教师决定了这些场景匹配哪些教学内容与教学方法。人机协同教育教学应用设计思路如图 5-8 所示。

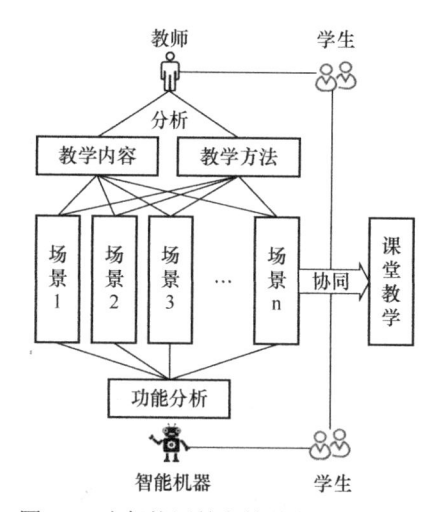

图 5-8　人机协同教育教学应用设计思路

5.4.2　人机协同教育教学应用框架的构建

为了实现教学应用设计的程序性和结构化，罗伯特·加涅（Robert Gagné）基于其对学习条件和教学设计的深入研究，提出了著名的九大教学事件理论[①]。这一理论为传统教学提供了清晰的结构框架，增强了教学活动的连贯性和有效

---

① 加涅，韦杰，戈勒斯，等. 教学设计原理[M]. 皮连生，王小明，庞维国，等译，上海：华东师范大学出版社，2018.

性。在人机协同教育教学中，尽管教学结构和形式发生显著改变，但加涅的理论依然具有较高的适用性和指导价值。本章以加涅的教学系统设计理论为指导，设计了人机协同教育教学应用框架，如图 5-9 所示。

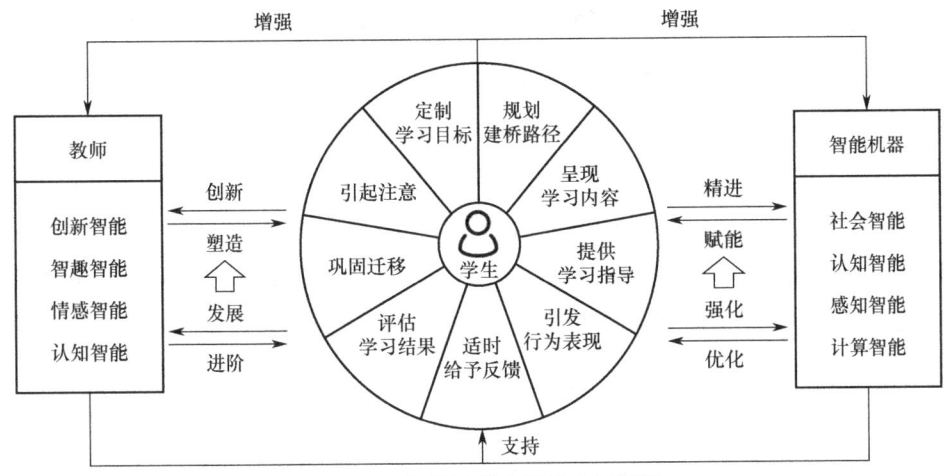

图 5-9 人机协同教育教学应用框架

教师和智能机器所具备的多元智能将共同支持人机协同教育教学的应用。其中，教师所展现的认知智能、情感智能、智趣智能及创新智能，是引领学生认知提升和品质塑造的关键。这些智能不仅能够激发学生的好奇心和创造力，还能够在教学过程中与学生建立起深厚的情感纽带，有力促进学生的全面发展。智能机器能够凭借其强大的计算智能和感知智能，对课堂教学的各个环节进行优化，实现教学内容的精准传递和学习路径的个性化定制。此外，智能机器的社会智能延展了课堂的交际维度，不仅能够促进教师与学生、学生与学生、学生与智能机器、教师与智能机器之间的多维度互动和协作，还能实现跨越时间和空间的学习交流，有效赋能课堂教学。更为关键的是，人机协同教育教学应用中的深度协同机制，将进一步增强教师和智能机器的智能水平。这一机制为教师的专业成长注入了新动力，激发教学创新的无限潜能。同时，它也为智能机器的强化和精进提供更多反馈和学习数据，使其在教学辅助和决策支持方面更加精准高效。

人机协同教育教学应用构建方案的形成，是以构建框架为基础，通过详尽地梳理教师、学生、智能机器三者在九大教学事件中的协同形式而逐步确立的。具体如下。

1. 引起注意

人机协同教育教学应用中，引起注意包含三层含义。含义一，引起学生的注意。智能机器运用其数据分析的专长，洞悉学生的兴趣点和学习倾向，进而为他们量身定制个性化的学习路径。通过分析学生的互动历史和行为模式，智能机器能够精准推荐与其兴趣和能力相匹配的学习材料，有效吸引学生的注意力。教师则借助智能机器的反馈，洞察哪些教学方法最能激发学生的兴趣，并据此调整教学方案，营造更具吸引力的学习氛围。在教师和智能机器的共同引导下，学生通过积极响应教学提示，逐渐沉浸于深度学习的状态，并开始进行主动探索、提问和创造，成为课堂中的积极探索者。含义二，引起教师的注意。教师需对智能机器所呈现的实时数据和分析结果保持警觉，以便迅速识别存在学习需求和学习困难的学生。智能机器配备了预警功能，能在学生遇到学习障碍或学习进展不顺畅时，立即通知教师。据此，教师能够及时介入，根据具体情况及时调整教学方案，为学生提供必要的个别辅导。含义三，引起智能机器的注意。智能机器能不断从教学应用中采集数据，并进行处理和分析，以分辨可能面临学习困难的学生。通过对学生的答题情况、学习进展和互动模式的综合分析，智能机器能够预测学生可能遇到的难题，并提前通知教师。同时，智能机器还能够根据学生的表现，灵活调整教学内容的难度和节奏，确保教学活动始终对标学生的实际需求。

2. 定制学习目标

在人机协同教育教学中，学生的学习目标并不是一成不变的，而是随着学习进程的推进和学生能力的提升而不断调整和更新的。智能机器通过收集和分析学生的表现数据，为教师提供洞察学生学习状况的依据。教师运用其专业判断能力，确保学习目标既具有挑战性又具有可行性，符合学生的最近发展区。

3. 规划建桥路径

学生建桥路径的规划是一个多维度、个性化的过程，它需要根据每个学生独特的知识背景和认知结构进行量身定制。在这个过程中，教师的角色是设计者和向导，他们通过深入了解学生原有的知识基础，策划多样化的过渡活动，确保学生能够顺利地将新知识与已有知识相融合。智能机器在这一过程中充当教师的得力助手,通过高级算法分析学生的学习历程,识别关键的连接点,并提供记忆激发活动。这些活动包括个性化的复习题、互动式思维导图及其他富有创新性的复习工具,旨在激活学生的记忆,深化他们对旧知识的理解,并为新知识的学习搭建稳固的桥梁。学生在智能机器的辅助下,参与到各种回忆活动中,如通过解答针对性的复习题来检验和巩固自己的知识掌握情况,或通过互动式思维导图来探索知识之间的内在联系。这些活动不仅能帮助学生复习和整合旧知识,还能激发他们的好奇心和探索欲,为接受新知识做好准备。

4. 呈现学习内容

学习内容的呈现需遵循学生的认知规律,避免因呈现形式过于单调或复杂所带来的额外的认知负荷。智能机器将根据学生的不同学习风格和需求,采用多样化的呈现方式来展示教学内容。通过视频,智能机器能将抽象的概念转化为可视化的图像,增强学生的理解力;模拟实验则允许学生在安全的虚拟环境中进行科学探索,从而加深他们对实验原理的理解;而虚拟现实体验则提供了一种沉浸式的学习环境,让学生仿佛置身于真实情景,从而提升学生的学习体验。

5. 提供学习指导

学习指导的提供应对标学生的学习和发展需求。智能机器通过数据分析和个性化推荐算法,为每位学生提供量身定制的学习材料和个性化指导,并根据学生的学习进度和反馈,动态调整学习材料的难度和范围,确保学习活动始终契合学生的实际水平和发展潜力。教师根据学生的学习状态提供及时的辅导,帮助学生消除疑惑,并引导学生进行知识的拓展与迁移。学生在教师和智能机器的指导下,能够获得更加丰富和多样化的学习体验。例如,学生可以通过阅读推荐材料来扩展知识面,通过参与在线辅导课程来深化对重难点知识的理解。

6. 引发行为表现

引发行为表现是指通过练习、探究、体验等活动来衡量学生对新知识的认知水平。智能机器根据学生的表现提供个性化的练习题和模拟实验,同时实时监测和分析学生的行为数据,为教师提供反馈。教师基于智能机器的反馈结果,结合教学专业知识，设计更具展示性和针对性的活动，以响应学生学习行为表现的情感和认知需求。学生通过实践，运用所学知识，发展技能并增进对知识的理解。学生在这一过程中经历全面且充分的理解、应用、分析、评价和创造过程，在智能机器和教师的融合智能支持下，实现认知进阶。

7. 适时给予反馈

在人机协同教育教学中，反馈是连接智能机器、教师和学生三者的重要纽带。智能机器提供的反馈为教师带来了宝贵的数据支撑，这些数据帮助教师洞察学生的学习状态，从而做出更加精准的教学决策。同时，教师对智能机器的反馈同样重要，可以使智能机器更深入地理解教学任务，不断调整和优化其执行教学任务的方式，以更好地满足教学需求。智能机器对学生的反馈则具有个性化的特点，能够根据学生的学习行为和成绩，提供及时的指导和建议，帮助学生掌握自身的学习情况，更有针对性地安排自己的学习活动。此外，学生对智能机器的反馈也是不可或缺的，可以使智能机器更全面地了解学生的需求和特点，从而为学生提供更加贴合其学习风格和需求的资料和个性化指导，更好地履行学习伙伴的责任。师生之间的双向反馈是人机协同教育教学应用中最为核心的反馈机制。教师通过观察学生在智能机器辅助下的学习情况，给出反馈，帮助学生明确自己的优势和待改进之处，同时激励学生更加积极地参与学习过程。反过来，学生对教师的反馈使教师能够从学生视角审视并调整教学内容和方法，确保教学活动更加贴近学生的实际需求和学习风格。这种互动反馈循环机制，加深了师生间的理解和信任，促进了师生的共同成长。

8. 评估学习结果

评估学习结果是教学过程中不可或缺的一环，它帮助学生全面了解自身的学习成果，帮助教师充分评估教学效果。智能机器通过自动化评估系统，如在线测验和作业自动评分功能，不仅提高了评估的效率和准确性，而且减轻了教师在评估学生知识掌握程度方面的工作负担，辅助教师综合评估学生的批判性思维、创造力、合作能力等核心竞争力。

9. 巩固迁移

巩固迁移旨在帮助学生将所学知识应用到新的情境中，以实现知识的巩固和迁移。智能机器通过提供高度仿真的模拟环境为学生创造了一个接近真实世界的实践平台，引导学生将课堂上学到的理论知识转化为解决实际问题的能力，从而加深其对知识的理解和应用。教师在这个过程中扮演着指导者和促进者的角色，根据学生的认知水平和学习需求，设计和调整巩固迁移活动，确保活动既具有挑战性，又符合学生的实际能力。学生在巩固迁移的过程中，通过积极参与各种教学活动，不断尝试将所学知识应用到新的情境中。

5.5 人机协同教育教学的应用案例

5.5.1 人机协同教育教学应用案例介绍

本案例以"My friends"为主题，由一位小学英语教师与一台智能教育机器人共同主导，构建人机协同 AI 双师课堂教学模式。该案例经设计后，在沈阳某小学成功实施。案例通过模拟学生互相介绍朋友的场景，教学生使用形容词（如"tall""short""fat""thin"等）描述体型特征，并练习核心句型"He's/She's..."。此外，案例更强调培养学生的社交技能和情感态度，由教师和智能教育机器人共同引导学生学会欣赏和尊重他人的独特之处。在案例中，教师凭借其强大的认知洞察力、情感共鸣能力、智趣激发技巧和创新思维，对学生的认知发展和个性品质的塑造发挥了至关重要的作用。同时，智能教育机器人集成了包括口语交流、评估反馈在内的多项智能服务，借助其卓越的数据处理能力和高度发达的感知技术，对教学流程进行了细致的优化。智能教育机器人不仅确保了教学信息的精确传达，还通过个性化的学习路径设计，满足了不同学生的学习需求，为每位学生量身打造了学习方案。AI 人机协同双师课堂模式的实践，充分证明了人机协同在推动教育创新和数字化转型进程中所具备的潜力。

5.5.2 人机协同教育教学应用案例设计

1. 制定智能教育机器人课堂应用指南

在小学英语教学中，智能教育机器人能够实现多样化的教学场景，这些场景涵盖但不限于以下几个方面：听力训练，即通过播放各类听力材料，有效提升学生的听力理解能力；口语交流，与学生进行实时对话练习，并精准提供发音反馈；阅读指导，由机器人领读单词和语篇，以进一步增强学生发音的准确性；评估与反馈，及时纠正学生的发音和语法错误；答疑解惑，解答学生在学习中的困惑；数据采集与分析，通过收集学习行为数据，构建详尽的知识图谱；肢体互动，利用机器人的可移动性，与学生进行肢体语言的互动；情境模拟，创建实际交流模拟场景以进行语言应用实践；游戏化学习，设计教学游戏以提高学生的语言技能；个性化学习路径定制，根据学生的学习数据定制学习路径；特殊辅助，为有特殊需求的学生提供个性化支持；课堂管理，协助教师进行有效的课堂组织；情感支持，给予学生正面鼓励。通过制定智能机器课堂应用指南，教师能够充分利用这些教学场景，丰富教学内容，提高教学互动性和教学效果。

2. 明确教学内容

案例的主题为"My friends"，旨在通过让学生用英文介绍朋友、描述朋友的性别和外形特征来实现教学目标，课堂类型为新授课。通过学习本课，学生将全面掌握本单元的核心词汇，这些词汇包括描述人物特征的形容词，如"tall""short""fat""thin"。学生将能够使用句式"This is ..."自信地介绍自己的朋友，以及运用"He's/She's..."来准确描述他人的体型特征。此外，学生将学会如何用"Is he/she...?"这一句型进行人物身份的提问，并能够回答"Yes, he/she is."或"No, he/she isn't."，以此进一步增强学生的交际能力。同时，学生也会理解在使用"fat"等可能涉及敏感话题的词汇时，需要考虑说话对象和文化敏感性，进而培养他们正确的文化意识和尊重他人的态度。

3. 选择教学方法

在制订教学方案时，鉴于小学生好奇心强烈、活泼好动、形象思维主导、注意力集中时间有限及社交需求日益增长等特征，教师可以采用情境教学法。具体而言，教师可利用小学生对情境的敏感性，用朋友的图片或故事，创建真实的生活场景。同时，结合任务型学习的方法，设计有趣的任务，让学生在完成任务的过程中学习语言和文化知识。此外，采用互动式教学和游戏化学习的方式可以提高学生的参与度和口语交流能力；让学生采用全身反应法通过动作和身体语言学习词汇，增强学生的记忆能力；采用合作学习法培养学生的协作能力和社交技能。这些教学方法的综合运用，能够有效激发学生的学习兴趣，提高他们的语言能力，确保教学活动既丰富多彩又高效有序。

4. 定义学习需求

针对"My friends"这一教学主题，学生的学习需求如下：学生需掌握描述人物特征的关键词汇，发展听、说等语言技能，并能在真实或模拟情境中灵活应用这些技能。同时，学生需要培养文化意识，学会尊重不同个体的外貌和背景差异。鉴于小学生活泼好动的特性，他们渴望通过互动式学习活动积极参与课堂。考虑到学生个体差异，应提供个性化的学习路径和必要的支持。此外，在学习过程中，学生应获得及时的反馈和评价，以明确自己的进步之处和需要改进的地方。结合以上学习需求，通过为学生构建全面、互动和个性化的学习环境，促进他们的语言能力、文化理解能力、社交技能和个性的发展与提升。

教师可以结合智能教育机器人应用指南，选择可以满足学生学习需求的教学场景，如表 5-1 所示。

表 5-1　学习需求与应用场景对应表

学习需求	应用场景	场景描述
掌握描述人物特征的关键词汇	词汇学习与认读	智能教育机器人展示人物图片，讲解关键词汇，帮助学生记忆和认读
发展听、说等语言技能	听力理解训练	智能教育机器人播放相关歌曲和对话，引导学生进行听力训练和跟读练习
在真实或模拟情境中灵活应用语言技能	情境模拟与角色扮演	创建模拟场景，让学生与智能教育机器人一起进行角色扮演游戏，如介绍朋友给父母，使学生在实际语境中运用语言
培养文化意识，尊重不同个体的外貌和背景差异	文化意识培养	智能教育机器人强调使用特定词汇的注意事项，引导学生尊重个体差异
通过互动式学习活动积极参与课堂	互动对话练习和游戏化学习	智能教育机器人与学生进行互动对话，设计互动游戏，如反义词游戏，激发学生兴趣，提高学生的课堂参与度

续表

学习需求	应用场景	场景描述
个性化的学习路径和针对性辅导	个性化学习	智能教育机器人根据学生的学习数据提供个性化学习建议和资源,以满足不同学生的学习需求
提高口语表达能力	口语表达练习	智能教育机器人通过实时对话练习,提供发音反馈,帮助学生纠正发音,提高口语表达能力
获得及时的反馈和评价	课堂管理与反馈	智能教育机器人协助教师进行课堂管理,提供及时的学习反馈,帮助学生了解自己的进步和待改进之处

5. 教学事件的人机协同分析

将应用场景选择结果与人机协同教育教学九大事件进行对应,对教学场景进行修改,完成对教学事件的人机协同分析,如表 5-2 所示("T"表示教师,"S"表示学生,"M"表示智能教育机器人)。

表 5-2 对教学事件的人机协同分析

教学事件	应用场景	场景描述
引起注意	互动对话练习	Free talk T: How are you feeling today? S: I'm fine. M: Children, I am Teacher Xiaona, your good friend. I'm short and fat. Today, our lesson is about "My Friends". Now, let's start learning together
定制学习目标	个性化学习	Pre-test T: Who is this? This is … (Writing on the blackboard: This is…) Peter is not fat, we can say Peter is…? (fat or thin) S: Think and response. M: Collect and analyze student data, and provide timely feedback to plan personalized learning paths
规划建桥路径	词汇学习与认读	Teaching vocabulary T: Vocabulary explanation. (Writing on the blackboard: Tall and Short) S: Learning and memorization. M: Vocabulary drill, Personalized push of key words

续表

教学事件	应用场景	场景描述
呈现学习内容	情境模拟与角色扮演	Enjoy the music T: Before we start our new lesson, let's enjoy the music. Let's sing it together. What is the song about? S: Enjoy the music and think and answer. M: Play music "Looking for my friends" and sing and enjoy it together
提供学习指导	口语表达练习	Read words aloud T: Students, now let's read the words according to the icons. S: Read words aloud. M: Correct students' incorrect pronunciation
引发行为表现	游戏化学习	Play a game T: Who is tall/short in our class? S: Response. T: Xiaona, what do you think? M: Response
适时给予反馈	课堂管理与反馈	Fill in the blanks S: Complete the fill-in-the-blanks. M: Collect and analyze student data, and give timely feedback to students
评估学习结果	课堂管理与反馈	Talk with the partners and translate the sentences M: Evaluate students' learning outcomes in conversation exercises, and give them feedback and encouragement
巩固迁移	巩固练习	Consolidation exercises

5.5.3 人机协同教育教学应用案例展示

课时教学设计			
教师：	年级：四年级	科目：英语	授课时间：
课题	Unit 4 My friends		
课型	新授课☑ 章/单元复习课☐ 专题复习课☐ 习题/试卷讲评课☐ 学科实践活动课☐ 其他☐		
教学内容分析	What：本课语篇呈现了学生在教室里互相介绍自己朋友体型特征的场景。 Why：通过学生日常生活中会出现的介绍朋友的场景，使学生学会如何用英语正确介绍他人的体型特征。 How：该语篇主要涉及体型特征的相关形容词，如 tall,short,fat,thin 等；交流过程中介绍自己的好朋友时的核心语言，如 "He's/She's…"。同时引导学生学会欣赏他人，尊重个体差异，避免身材焦虑或外貌歧视		

续表

	课时教学设计
学生分析	"My friends"这一主题本身就是学生喜爱并感兴趣的内容,学生乐于给大家分享自己的朋友,主题贴近学生实际生活,可以激发学生的交流欲望。同时本节课的特色是向学生介绍一位特殊的朋友——机器教师小娜,学生学习兴趣激增,开口说英文的兴趣提高,因此本节课不仅有生生互动,还有学生与双师的互动,英语交流更多,更易培养学生的听力和口语
教学目标	1. 掌握本单元的核心词汇。 2. 能用"This is ..."来介绍自己的朋友。 3. 能用"He's/She's..."描述别人的体型特征。 4. 能用"Is he/she..."来猜测人物身份,并用"Yes, he/she is./No, he/she isn't."回答。 5. 知道使用 fat 这个词时要注意说话对象,培养学生正确的文化意识
学习重难点	1. 能用"This is ..."来介绍自己的朋友。 2. 能用"He's/She's ..."描述别人的体型特征

教学过程设计

环节一:导入		
S	T	M
1.Free talk I'm fine. 2. Enjoy the music and think and answer. 3. Talk about the topic——friends	1. Free talk How are you feeling today? I'm happy to hear that. I hope you are all feeling well today. 2. Enjoy the music Before we start our new lesson, let's enjoy the music. Let's sing it together. What is the song about? 3. Talk about the topic——friends. Who is your friend	1. Free talk Children, I am Teacher XiaoNa, your good friend. I'm short and fat. Today, our lesson is about "My Friends". Now, let's start learning together. 2. Play music《Looking for My Friends》and sing and enjoy. 3. Talk about the topic——friends
活动意图说明:教师、学生与机器教师小娜携手,共同营造丰富的英语交流场景。当小娜播放轻快的旋律《Looking for My Friends》时,学生们一边聆听,一边跟随节奏哼唱。这不仅点燃了课堂中学生的热情,还加深了他们对语言的感知。在这样的氛围中,教师巧妙地引入学生熟悉的话题,引导他们在真实的语言使用场景中积极思考和表达。这种互动式教学方式极大地提高了学生的参与度,让学生在轻松愉悦的氛围中自然而然地举起小手,踊跃发言,进而在实践中提升英语交流能力		

续表

课时教学设计		
环节二：授课		
S	T	M
1. Pre-test Think and response. 2. Teaching vocabulary Learning and memorization. 3. Post-test Observe and think, response. 4. Play a game Response. 5. Read words aloud 6. Drills Try to introduce your friends using sentence patterns	1. Vocabulary Display 2. Pre-test Who is this? This is … (Writing on the blackboard: This is…) Peter is not fat, we can say "Peter is…? (fat or thin)" 3. Teaching Vocabulary Vocabulary Explanation. (Writing on the blackboard: Tall Short) 4. Post-test Observe and think, describe the people in the picture using "tall" and "short". 5. Play a game Who is tall/short in our class? Xiao na, what do you think? 6. Read words aloud Students, now let's read the words according to the icons. 7. Drills (Writing on the blackboard: I'm/ He's/She's…)	1. Pre-test Collect and analyze student data, and provide timely feedback to plan personalized learning paths. 2. Teaching vocabulary Vocabulary drill. 3. Post-test Demonstration. 4. Play a game Response. 5. Read words aloud Correct students' incorrect pronunciation. 6. Drills Demonstration

活动意图说明：1. 通过学生熟悉的卡通人物图片，让学生直观地感受 tall, short, fat 和 thin 这四个形容词的含义。2. 通过用否定句做支架，引出 fat 和 thin 是一对反义词，及时练习，强化学生对 fat 和 thin 的理解。3. 将游戏和对话练习穿插在单词讲解中，寓教于乐，降低新单词的学习难度，提高学生的学习兴趣。4. 通过单词学习自然而然地过渡到核心句型的运用，使课堂环节衔接更加顺畅

环节三：实战		
S	T	M
1. Conversation learn Listen, feel, read conversations. 2. Fill in the blanks Complete the fill-in-the-blanks. 3. Talk with the partners and translate the sentences.	1. Conversation learn Play the overall perceptual dialogue for the first time, and play it for the second time for students to read along. 2. Fill in the blanks 3. Talk with the partners and translate the sentences.	1. Conversation learn Play the conversation. 2. Fill in the blanks Collect and analyze student data, and give timely feedback to students. 3. Talk with the partners and translate the sentences. Evaluate students' learning outcomes in conversation exercises, and give them feedback and encouragement

活动意图说明：通过对话，使学生在语境中了解如何向他人介绍自己的朋友

续表

课时教学设计		
环节四：巩固		
S	T	M
1. Antonym game Participate in the game. 2. Consolidation exercises	1. Antonym game Now let's start the game. 2. Consolidation exercises	1. Antonym game Demonstration I say he's tall, you say she's short. 2. Consolidation exercises

活动意图说明：机器教师小娜对学生有较大的吸引力，可以大幅提高学生的学习兴趣。机器教师要求极高，学生必须严格规范自己的发音，做到发音标准、声音洪亮，这极大地提高了课堂教学效率，减轻了教师的教学压力

知识网络（板书设计）		
tall short fat thin	This is… He's… She's… I'm…	

教学评价	1. Read aloud. ★ 能够大声朗读。 2. Read correctly and fluently. ★★ 能够正确并流利朗读 3. Read with action and emotion. ★★★ 能够带着动作和感情朗读
教学反思与改进	本节课成功将人工智能技术融入课堂教学，极大地激发了学生的学习兴趣。一系列精心设计的人机协同教育教学环节，为学生营造了一个丰富且充满趣味的英语学习环境。然而，当前的人机协同层次较为浅显，对学生知识建构的影响尚未深入到知识重组与迁移的层面，这有待在未来的教学实践中进一步改进和完善

实践参考

扫码查看

第6章 人机协同教育的应用技术

6.1 智能教育机器人赋能人机协同教育

目前,在课堂上使用的智能教育机器人正逐步从单个通用的智能教育机器人向复杂多元的智能教育机器人集群方向发展。一方面,智能教育机器人中不断融合知识图谱、大模型等技术,使得每一个机器人个体本身的智能性得以不断迭代升级。例如,北京师范大学利用"智慧学伴"智能教育机器人,为学生提供了高质量的学习资源和个性化的学习体验[①]。另一方面,智能教育机器人之间的协同问题也在进一步优化与变革。在应用模式上,展现出创新性的探索。除了简单地根据课堂中的分组情况配备智能教育机器人,以形成智能教育机器人集群,还可以根据不同智能教育机器人的智能程度,通过联合通信、协同决策、奖励反馈与策略优化等方法,有效地解决智能教育机器人集群的联合协同问题[②]。

从产业链发展角度来看,只有形成一条成熟完整的产业链,涵盖智能教育机器人硬件制造、教育软件开发、教育内容提供、教育系统集成等各个环节,且这些环节逐渐成熟与稳定,才能进一步增强其对人机协同教育的赋能效果。从智能教育机器人系统架构设计层面来看,智能教育机器人集群的形成同样需要完善的系统架构设计作为支撑,这一设计需将机器人制造、知识图谱、教育领域垂直大模型等关键技术有效融合,从而实现智能教育机器人智能化的进一步提升。从教育专业化的角度来看,智能教育机器人集群的发展需要教育专业化的支持。尤其是在教育内容开发、教学策略设计、教育心理学应用等方面,教育专业化的作用尤为突出。只有做好教育和专业技术的有效融合,才能确保智能教育机器人集群

---

① 卢宇,薛天琪,陈鹏鹤,等. 智能教育机器人系统构建及关键技术——以"智慧学伴"机器人为例 [J]. 开放教育研究,2020,26(02):83-91.

② 李璐璐,朱睿杰,隋璐瑶,等. 智能集群系统的强化学习方法综述 [J]. 计算机学报,2023,46(12):2573-2596.

在教育活动中的有效应用。除此之外,还需考虑交互智能化、感知情景化等技术的发展,以及社会接受度、伦理与法律问题等因素。最后,持续地研究与创新也是推动智能教育机器人集群发展的关键。

6.1.1 智能教育机器人赋能教学环境

智能教育机器人作为人机协同教育的重要工具,凭借其物理特性和拟人化的交互行为,为学习环境带来全新的体验。智能教育机器人能够在物理环境中与学生进行自然互动,促进学习效果的提升。首先,智能教育机器人利用物理环境建图能力,可以识别周围的空间环境并收集相关信息。这一能力使得机器人能够在教室、图书馆等不同的学习场所中灵活移动。通过对环境的感知,智能教育机器人能够主动避让障碍物并规划最佳路径,到达指定位置,从而在教学过程中更有效地辅助教师和学生。其次,智能教育机器人具有拟人化的行为能力,这意味着它能够通过生动的语音、表情和肢体动作与学生进行互动。这种人性化的设计理念不仅能够吸引学生的注意力,还能增加学生学习的趣味性和参与感。综上所述,智能教育机器人通过物理环境建图和拟人化的交互行为赋能人机协同教育。它不仅丰富了教师的教学手段,还激发了学生的学习兴趣,为未来的教育模式探索出新的路径和可能性。随着技术的不断进步,智能教育机器人将在教育领域扮演愈发重要的角色,拥有更为广阔的发展前景。

6.1.2 智能教育机器人赋能教学场景

结合"AI人机协同双师课堂"的教学环境,可设计一个基于多元智能理论的智能教育机器人多模态交互数据架构,以更好地适配教学应用场景。该架构的设计可以分为三个部分:交互系统关系、交互模式及交互场景。在交互系统关系中,主要涉及三大交互主体:学生、教师与智能教育机器人。两两主体间通过多模态数据进行交互,其中智能教育机器人与学生的交互及教师与学生的交互,对促进学生多元智能的发展具有积极作用。在交互模式中,包含机器人的交互模式可分为三类:师、生、机三者间的交互,生、机间的交互及师、机间的交互。在交互场景中,不同的交互模式对应不同的交互场景。在师—生—机交互模式下,对应的交互场景包括课堂情境创设、探究活动组织、游戏化教学、口语对话练习、听写检测、课堂小结与知识巩固、复习提问等;在生—机交互模式下,对应的交互场景有常态化晨读等；在师—机交互模式下，对应的交互场景包括教学策略及时调整、课后作业任务布置等。该架构如图6-1所示。

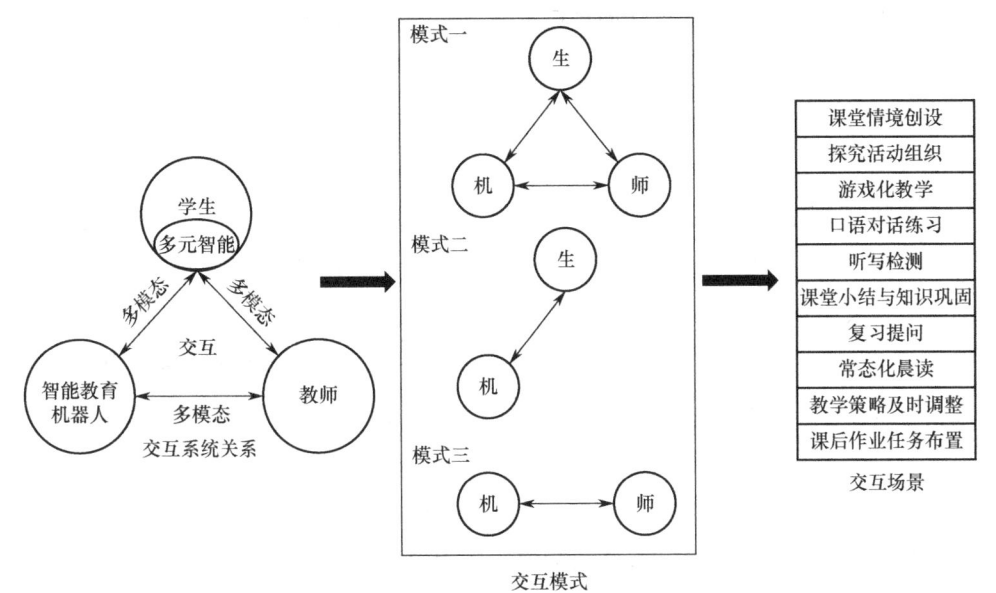

图6-1 基于多元智能理论的智能教育机器人多模态交互数据架构

不同人机交互模式下的智能教育机器人应用场景如表6-1所示。

表6-1 不同人机交互模式下的智能教育机器人应用场景

交互模式	应用场景
师—生—机交互模式	课堂情境创设
	探究活动组织
	游戏化教学
	口语对话练习
	听写检测
	课堂小结与知识巩固
	复习提问
生—机交互模式	常态化晨读
师—机交互模式	教学策略及时调整
	课后作业任务布置

智能教育机器人的设计需充分满足教师教学和学生学习的需求。教师能够控

制智能教育机器人开展教学活动，同时智能教育机器人可以为教师提供课堂教学数据，帮助教师选择合适的教学策略。学生则可以给智能教育机器人提供数据支撑，帮助其构建学生画像，从而更精准地促进学生的多元智能发展。

在智能教育机器人内部集成了多种功能：语音交互功能能实现多语种的师—生—机交互，涵盖多学科知识讲解及对学生疑问的解答等。图像识别功能能够识别图像信息，完成如人脸识别、签到等任务。随着大模型的兴起，生成式的多模态交互特征愈发显著，这为智能教育机器人识别任意图片信息并生成音频对话提供了可能。自主导航功能使机器人能够完成相对简单的移动、巡逻等任务。智能教育机器人中集成的多种传感器，能够根据具体的物理环境生成虚拟地图。在移动过程中，通过循迹、避障等传感器，智能教育机器人能够顺利完成位置移动。虚实融合功能指智能教育机器人不仅拥有实体外观，其内部还连接着一个虚拟的元宇宙机器人。通过虚实融合，共同进行人机协同教育，助力教师专业发展。身体智能功能是指智能教育机器人除了具有移动能力，还能模拟教师的教学手势，与学生进行肢体互动，并结合音乐和眼神等方式完成交流。在体育学科中，智能教育机器人能够展示部分体育动作，支持体育教学，从而促进学生运动智能的发展。课堂分析功能是指智能教育机器人能够记录和采集"AI人机协同双师课堂"中的课堂教学行为数据和协同行为数据等，进行课堂教学分析，实现实时的课堂教学行为数据收集、汇聚和分析，辅助教师了解学生学习情况，并促进教师专业发展。知识图谱和深度学习等关键的人工智能技术能够帮助学生整理重点、难点和易错点，形成专家知识图谱。通过不断采集学生的学习数据，智能教育机器人能够逐步完善自身认知，从而更精准地帮助学生实现多种智能的发展。基于多模态数据的智能教育机器人设计框架如图 6-2 所示。

6.1.3　教具机器人赋能教学活动

教具机器人是专为教育领域设计的一种机器人，它集成了人工智能、传感器技术、机械工程和教育学原理，属于自动化或半自动化机器，旨在辅助中小学教师开展教学活动，激发学生的学习兴趣，提高学生的参与度和实践能力，增强学习体验，并促进学生在多个学科领域的能力发展及核心素养的提升。在中小学课堂中，教具机器人可应用于各种教学场景，涵盖科学实验演示、学科知识讲解、语言学习互动、编程教育等方面，并能满足特殊教育需求。通过运用各种教具机器人，学生不仅能够在实践中学习技术知识，还能培养团队合作、创新思维和终身学习的能力。目前，有研究团队对近年来教育机器人领域内100篇具有影响力的期刊论文进行了系统分析，提出了包括STEM教育机器人和面向机器人的编程[①]等在内的教具机器人，可用于有效培养学生的核心素养。智能教育机器人和教具机器人之间存在着明显区别。智能教育机器人的设计更多侧重于赋予机器人拟人化角色，如机器教师、机器人助教、机器人学伴等，通过这些角色解决师生在教学过程中的问题。而教具机器人主要以教具的形式呈现，学生通过使用教具机器人完成对课程中知识点的学习，如了解各种传感器或掌握编程技能等。值得注意的是，智能教育机器人与教具机器人可以并存于教育环境中。智能教育机器人适用于全学科的授课需求，而教具机器人则更加适合信息科技及相关课程的教学内容。

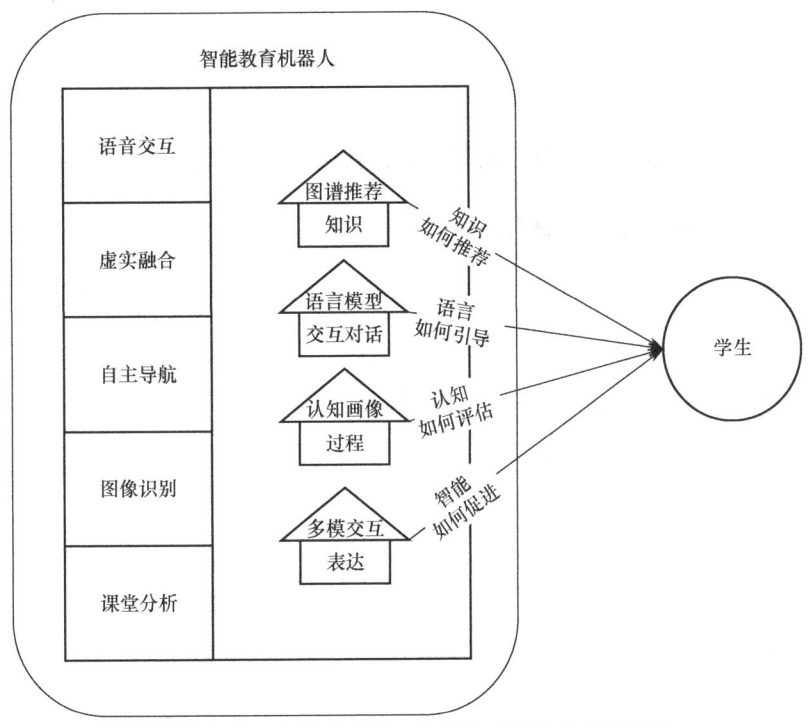

图6-2 基于多模态数据的智能教育机器人设计框架

---

① 黄荣怀，刘德建，等. 人工智能为全民学习所用？100篇有影响力的教育机器人学术论文[R]. 北京：北京师范大学智慧学习研究院，2023.

6.2 知识图谱驱动人机协同教育

知识图谱的概念最早由 Stokman 等人在 20 世纪 80 年代提出，最初主要用于专家系统中对知识的表征[1]。然而，谷歌公司在 2012 年 5 月 17 日引入了知识图谱的新概念，旨在提升其搜索引擎的性能[2]。此后，关于知识图谱的研究迅速发展起来。当前，知识图谱的研究主要包括科学知识图谱和计算机科学领域的大规模知识图谱[3]。本书主要探讨第二类，即在计算机科学领域中的知识图谱。本书认为，知识图谱是一种由节点和边组成的图数据结构，其基本组成单位是"实体—关系—实体"三元组，以及实体及其相关的"属性—值"对。实体间通过关系相互联结，从而构成网状的知识结构。利用知识图谱，可以结构化地表示教学中所需的知识领域、知识点实体，以及这些实体间存在的认知关系，如知识点间的前序与后继关系[4]。知识图谱作为一种结构化知识表示技术，通过节点和边的形式展示复杂信息及其相互关系，具有直观、系统和高度关联的特点。在教育领域，特别是人机协同教育中，知识图谱能够提升教学效果和学习效率，通过其多方面的功能和优势，从多个维度有效增强了人机协同教育的效能。

6.2.1 知识图谱系统化整合与关联知识

知识图谱凭借其独特的节点和边结构，将分散的知识点进行有机整合与关联，构建出系统化的知识网络。在传统教育中，知识点通常以线性和片段化的方式呈现，这种方式导致学生难以形成整体性的认知结构。而知识图谱则能够跨越不同学科和层次，让知识点相互关联，帮助学生构建全面的知识体系。例如，在理科教育中，知识图谱可以将物理、化学、生物等学科的知识点进行关联，展示它们之间的内在联系，学生可以在学习过程中发现不同学科知识的共性和差异，从而提高其综合分析和解决问题的能力。知识图谱通过可视化和交互式的呈现方式，使复杂的知识关系变得直观易懂。学生可以通过点击和浏览节点，探索相关

---

[1] 万海鹏, 王琦, 余胜泉. 基于学习认知图谱的适应性学习框架构建与应用[J]. 现代远距离教育, 2022 (04): 73-82.

[2] 刘峤, 李杨, 段宏, 等. 知识图谱构建技术综述[J]. 计算机研究与发展, 2016, 53 (03): 582-600.

[3] 冯新翎, 何胜, 熊太纯, 等. "科学知识图谱"与"Google 知识图谱"比较分析——基于知识管理理论视角[J]. 情报杂志, 2017, 36 (01): 149-153.

[4] 卢宇, 薛天琪, 陈鹏鹤, 等. 智能教育机器人系统构建及关键技术——以"智慧学伴"机器人为例[J]. 开放教育研究, 2020, 26 (02): 83-91.

知识的详细信息，从而激发学习的主动性和探索欲。

6.2.2 个性化学习路径推荐驱动知识协同

知识图谱通过分析学生的学习行为数据，为每个学生定制个性化的学习路径。在传统教育模式中，学生的学习路径往往是预设且固定的，难以满足所有学生的个性化需求。然而，通过分析学生的学习数据，知识图谱可以提供个性化的学习建议和路径。例如，通过学习行为分析，知识图谱可以与其他人工智能技术协同工作，了解学生的学习习惯、兴趣及进度，为其推荐最适合的学习路径，从而提高学习效率和效果。动态的学习路径调整功能使学生能够在学习过程中始终保持最佳学习状态。当学生在某个知识点上掌握得较好时，系统可以推荐更高级的知识点，帮助学生不断提升学习水平；而当学生在某个知识点上遇到困难时，知识图谱也可以推荐相关的辅助材料和练习题，帮助学生巩固知识、提升能力。此外，知识图谱还可以通过跟踪学生的学习进度，提供实时的学习反馈和调整建议，确保学生能够根据自身的学习情况进行动态调整，最大化学习效果。通过分析学生的学习数据，知识图谱还可以发现学生在不同知识领域的兴趣和优势，提供针对性的学习建议和拓展方案。

6.2.3 知识网络促进协同学习与知识共享

知识图谱在促进协同学习方面也发挥了重要作用。传统教育中的协同学习受时空限制，难以实现有效的知识共享。知识图谱通过构建知识网络，促进了学生之间的协同学习。例如，基于知识图谱构建的知识共享平台，使学生能够方便地分享和交流知识，从而促进共同进步；通过设计协同学习任务，知识图谱能够帮助学生在学习过程中进行合作，解决学习中的问题。知识图谱通过构建知识网络，将学生的学习成果和资源进行整合和共享，促进学生之间的协同学习与合作。当学生在学习过程中遇到问题时，知识图谱可以提供相关的学习资源和解决方案，帮助学生解决问题。此外，教师可以根据知识图谱提供的数据设计有针对性的协同学习任务，促进学生之间的合作和交流，提升他们的团队合作能力和协同创新能力。

知识图谱还可以通过构建全球化的知识网络，促进不同国家和地区的学生之间的协同学习和知识共享。例如，基于知识图谱构建的全球知识共享平台，学生可以与世界各地的同龄人分享和交流知识，拓宽视野，提升国际理解和合作能力。此外，知识图谱还可以通过展示不同文化背景下的知识和资源，促进学生对不同文化的理解和尊重，培养其全球公民意识和跨文化交流能力。这种全球化的协同学习和知识共享，能够有效推动教育全球化进程，拓宽学生的全球视野。

6.2.4 知识可视化提升学习兴趣与动机

知识图谱通过直观的"实体—关系—实体"展示形式，帮助学生更清晰地理解知识点的内在逻辑结构，从而提高学习兴趣与动机。传统教育中，知识点往往以文字的形式呈现，学生容易感到枯燥乏味，导致对重点的把握不够明确。然而，知识图谱通过图形化展示方式，使学生能够直观地了解知识点之间的关联，厘清各知识点间的关系脉络。例如，通过节点和边的直观呈现，学生可以更轻松地理解知识点之间的关系，进而增强对知识的兴趣；通过互动式的知识探索，学生可以主动地发掘和学习知识，提升学习的积极性和主动性；通过动态的知识更新，学生得以及时获取最新的知识和信息，保持学习的兴趣和动力。

6.2.5 知识图谱在人机协同教育中的演化与应用

在不同的教学阶段，知识图谱分别为教师、学生和机器教师提供了差异化的支持。根据不同角色在各个教学阶段的需求，知识图谱发挥着不同的作用，具体如表 6-2 所示。

表 6-2　知识图谱在不同教学阶段的应用

	课前	课中	课后
教师	个性化定制知识图谱；根据教材知识领域及知识点设计图谱，熟悉教学相关的知识点、重点和易错点	设置以客观题为主的问题；根据图谱选择并整合教学资源（其中知识点以多模态的形式呈现）	优化个性化知识图谱，增强图谱的适切性；根据本节课的易错点，有针对性地布置课后作业
学生	复习本节课的前序知识点，并预习其后继知识点	回答问题，若出错，知识图谱会根据出错知识点的前序关系，不断推荐新题，帮助学生定位根源出错点	根据知识图谱，对本节课所学知识及其前后知识点进行巩固；同时，对本节课出现的易错点进行练习
机器教师	根据收集的数据，更改知识点在知识图谱中的权重；向学生提供易错点相关资源	收集课堂练习结果数据，调整知识点在知识图谱中的权重；根据教师的选择，提供特定知识点下的多模态教学资源	收集和整理本节课的整体数据，更改知识点在图谱中的权重

随着教学次数的增多，机器教师会不断收集每节课的数据结果，并将这些反馈到知识图谱中，以修改和优化知识点的权重。同时，教师根据每次教学的经验，持续优化知识图谱。此外，教师还可以结合主观评价、测试测验的试卷分析等手段，对知识图谱进行更为深入的调整和完善。因此，随着教师教学次数的增加，知识图谱将不断更新迭代，如图 6-3 所示。

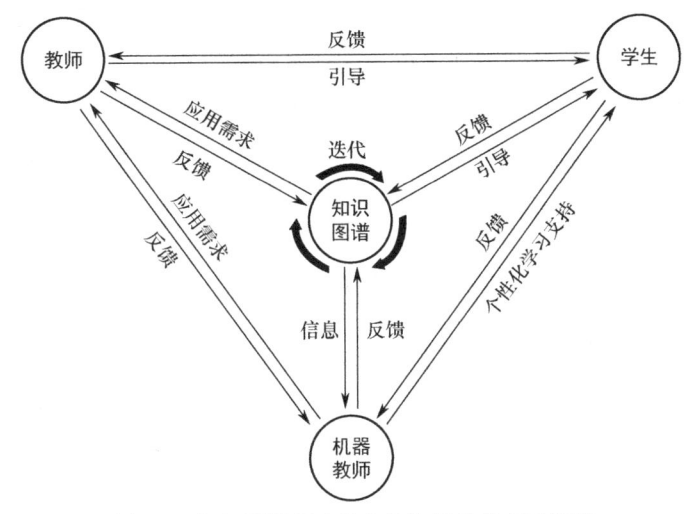

图 6-3　知识图谱驱动的人机协同教育交互模型

该图展示了知识图谱驱动的人机协同"AI人机协同双师课堂"中的交互过程，以及知识图谱与教师、学生、机器教师之间的紧密关系。在知识图谱驱动的人机协同"AI人机协同双师课堂"中，知识图谱为机器教师提供了知识点及其相互关系的信息，机器教师基于知识图谱所提供的信息，向学生提供个性化学习支持，并响应教师的需求。同时，知识图谱也直接面向教师及学生。教师在定制个性化知识图谱时，知识图谱同样响应教师需求，为教师提供服务。对于学生而言，虽然无法直接修改知识图谱，但可以根据知识图谱提供的知识点及其相关关系，对所学知识进行高效的复习和预习。在这个过程中，知识图谱起到了重要的引导作用，而机器教师通过提供丰富的学习资源进一步支持学生的学习。随着这些过程的不断推进，大量反馈信息被收集并传递到知识图谱中，使知识图谱实现持续迭代与优化，最终能够更好地为班级提供个性化学习支持，还能帮助教师摆脱重复性工作，专注于引导学生思维发展，培养学生的综合能力，聚焦于学生核心素养的提升。

6.3 通用大模型增强人机协同教育

通用大模型增强人机协同教育的核心架构是 Transformer，其自注意力机制使得模型能够捕捉输入序列内部的长距离依赖关系，这在处理长文本数据时尤其重要。同时，Transformer 架构的泛化能力较强，不仅能处理文本类型数据，还在图像、音频、视频等领域表现出色。这种多模态的泛化能力使其能够很好地处理收集到的教育数据，并根据实际需求生成相应模态的内容，从而解决具体的教育问题。本书将从大模型的输入、处理和输出三个方面探讨通用大模型在教育领域中的应用问题，并提出针对性的解决方案。

6.3.1 在输入部分增强人机协同教育

在输入部分增强人机协同教育的方法主要有三个：高质量数据集的构建、提示工程及 RAG 技术。对通用大模型而言，需要不断增强其基础能力，以实现"智能涌现"，从而更好地解决垂直领域的问题，如教育领域中的人机协同教育。

1. 高质量数据集的构建

对于大模型的高质量数据集构建，可以从以下几个方面进行考虑。首先需要明确模型的目标与用途。对于通用大模型而言，其目标与用途应覆盖几乎所有领域的广泛问题。而在解决特定领域问题时（如教育领域），可以在预训练阶段或微调阶段，筛选出特定领域的数据集对大模型进行训练，训练出特定领域的垂直大模型，以更有效地解决领域内的问题。其次，应从数据多样性方面考虑数据的选取。应收集不同来源、不同地区、不同时间点、不同文化、不同语言及不同模态的数据，以确保数据的多样性。这样，在将通用大模型应用于教育领域时，师生便能依据自身具体情况，结合通用大模型生成符合自身需求的内容。再者，从数据规模上看，需要大量的数据来训练模型，以进一步提升通用大模型的基础能力。教育领域中的问题往往较为复杂，若缺乏充足的训练数据作为支撑，师生将难以通过通用大模型获得满意的解决方案。除此之外，还需要考虑数据增强、数据验证、数据安全与伦理等方面的内容，以构建出高质量的数据集。尤其是在教育领域，师生的数据安全应作为重点加以保护。

2. 提示工程

提示工程是自然语言处理领域中一个相对较新的术语。特别是在使用各种预训练语言模型解决复杂问题的背景下，人们通过设计和优化提示词，可以更好地引导预训练模型执行特定任务并生成期望的内容。

提示工程的分类方式多种多样，目前可以根据用途、形式、复杂度、应用场景、技术和策略、交互方式、目标导向进行分类。这里主要介绍基于技术和策略分类的案例内容。

直接提示是指直接提问或者描述任务的提示形式，引导模型理解并响应特定的指令或问题。填充式提示是指给予大模型部分信息，让其补全缺失的内容，这是一种常见的语言理解和生成任务。选择性提示是指提供选项让模型给出选择，这是一种有效的测试模型理解能力或辅助决策的方法。思维链提示是指通过展示问题解决步骤，促使大模型进行更深层次的推理和解释，从而提高答案的透明度和可解释性。模板化提示是指使用模板将输出格式标准化，使模型的生成更具一致性和可预测性。上下文提示是指通过提供背景信息，使大模型更好地理解任务的上下文，从而生成更准确的内容。交互式提示是指通过与大模型的实时交互，动态调整提示内容，以多轮交互方式逐步阐述详细需求，让大模型提供个性化的建议或服务。多步提示是指将复杂任务分解为多个步骤并逐一提示，有助于模型理解每一个小的步骤，最终理解和解决整体问题。引导式提示是指通过提问或引导性语言，鼓励模型提供更为详细或深入的输出，从而增加交互的深度。对比提示是指提供对比选项，帮助模型区分和理解不同的概念或类别，增强模型的辨别能力。元提示是指引导模型进行自我反思或调整生成策略，从而增强模型的自适应性。条件提示是指根据特定条件生成提示，使模型的输出能够适应不同情境，增加任务的灵活性。启发式提示是指使用启发式问题或提示激发模型的创造性思维，生成新颖的答案。限制性提示是指通过限制性语言控制模型输出，确保生成的内容符合特定风格或范围。适应性提示是指根据模型的响应动态调整提示，使得模型能够更好地适应任务需求，提高性能。跨语言提示是指为多语言任务设计提示，充分考虑语言特性，使得模型能够处理不同语言的输入和输出。可解释性提示是指设计提示以增加模型输出的可解释性，帮助用户理解模型的决策过程，如不仅给出决策建议，还提供建议背后的科学依据。零样本提示是指在没有进行任何微调的情况下，使用预训练模型响应提示，从而测试模型的泛化能力。少样本提示是指在只有少量标注数据的情况下提示，引导模型完成特定任务，减少对大规模标注数据的依赖。多模态提示是指结合文本与其他模态（图像、音频、视频）设计提示，引导模型进行跨模态理解，拓展模型的应用范围。精准且有效的提示词设计能够高效解决教育教学中的问题。提示工程的技术和策略分类如图6-4所示。

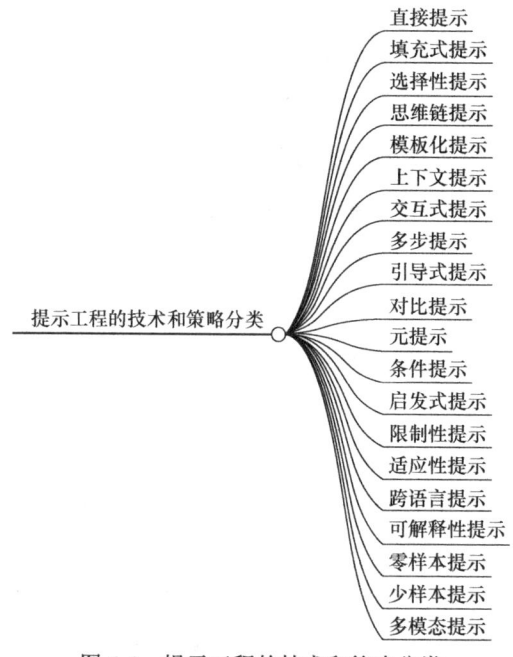

图 6-4 提示工程的技术和策略分类

3. RAG 技术

检索增强生成是一种融合检索模型和生成模型的技术，旨在辅助文本生成。RAG技术通过从各种数据源中检索信息，增强大型语言模型（LLM）的提示能力，从而提高文本生成的相关性和深度。RAG系统通常由三个核心阶段构成：检索、增强及生成。基于RAG技术的大模型工作流程如图6-5所示。

首先，用户输入问题，RAG技术使得大模型能够从外部知识源中检索相关的上下文信息。然后，将用户的提问内容和检索到的上下文内容进行整合，作为输入内容让大模型进行深入理解。最后，大模型根据增强整合后的输入内容，生成高质量的回答内容并呈现给用户，从而确保用户能够获得所需的信息。

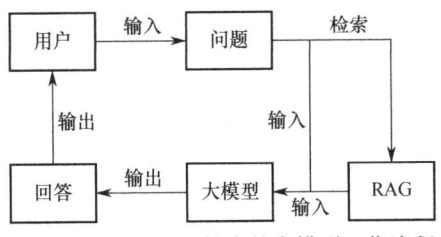

图 6-5 基于 RAG 技术的大模型工作流程

RAG 技术的出现，使大模型得以获取并访问最新、最及时的信息。这在一定程度上解决了模型在生成训练数据范围之外的知识时可能出现的与事实不符的问题，即减少了模型幻觉问题。从成本角度来看，RAG 在提升问答质量的同时，降低了对模型微调的需求，并减少了计算和存储的成本。这些优势为 RAG 技术在不同场景下的广泛应用提供了更大的可能性。

6.3.2 在处理部分增强人机协同教育

在处理部分，可以通过预训练、推理能力优化、迁移学习等方法增强人机协同教育。预训练解决的是大模型最基本的能力问题，推理能力优化解决的是大模型实时响应的问题，迁移学习解决的是模型微调的问题。通过这些方法，可以增强通用大模型的基础能力，从而为垂直大模型的应用赋能。

1. 预训练

预训练是指在大量无标签数据上训练模型，目的是让模型学习基础的语言表示方法和相关知识。在自然语言处理过程中，预训练模型通常通过自监督学习任务进行训练，例如掩码语言模型（MLM），要求模型预测句子中被随机掩盖或删除的单词。预训练可以帮助模型捕捉语言的语法、语义和上下文信息，为后续的微调和特定任务适应提供基础。在预训练阶段，通过使用大量高质量的多模态数据并构建参数量较大的模型进行训练，可以提升大模型的基本能力，从而使其在处理垂直领域问题时具有"智能涌现"的能力。

2. 推理能力优化

大模型在生成回答内容的处理阶段时，其推理能力的强弱决定了其生成内容的实时性。为了提高通用大模型的实时响应能力，对其推理能力进行优化显得至关重要。从算力层面来看，强大的算力是解决模型推理实时性问题的基础。例如，算力强大的硬件可以更快地执行计算任务，多核 CPU 和多 GPU 具有更好的并行处理能力。然而，需要权衡算力提升与成本之间的关系。从模型层面来看，要想提高大模型的推理能力，可以使用知识蒸馏、模型剪枝、模型量化等手段降低大模型的时间复杂度或空间复杂度，从而解决实时性问题。知识蒸馏是将一个复杂模型的知识迁移到一个更小、更简单的模型上，虽然会牺牲少量准确性，但学生模型可以在更低延迟下完成推理任务。模型剪枝是指通过去除模型中不重要的权重或神经元来降低模型的复杂度，使其更适合实时应用场景。模型量化是指通过将模型的权重和激活值从浮点数转换为低精度的定点数，从而提升推理速度的。这三种方法都以牺牲少量准确性为代价来提升大模型的推理能力。由此可见，找到大模型推理能力和准确性之间的平衡点显得至关重要。

6.3.3 在输出部分增强人机协同教育

在输出部分增强人机协同教育效果，可以通过调整参数或使用多模态大模型来多样化地丰富输出内容。具体而言，可以从输出数据的形式和质量两方面着手，控制输出内容的丰富性以优化教育效果。

1. 通过提示词或调整参数来个性化输出内容

师生可以根据课堂教学的实际情况，通过使用提示词的方式，来控制生成的内容是更具创造性还是更具一致性。除此之外，还可以通过调整参数来个性化输出内容。目前，参数设置主要包括调整温度、Top p、Top k 等内容，以调节模型生成的回答是更具创造性还是准确性。对于温度参数，其值越接近 0，生成的文本保守性和一致性越强；反之，越接近 1，生成的文本随机性和多样性越显著。对于 Top p 采样方法，其采样范围从 0 到 1，数值越低，模型回答越稳定精确；数值越高，模型回答的随机性越高。对于 Top k 采样方法，k 值代表采样时考虑的单词个数，个数越小，输出结果越稳定；个数越大，输出结果越随机。在中小学使用大模型时，需要提高回答的准确性和可读性，以适应学生的认知水平并实现教育目标。可将模型参数值设置在合理的范围内，以确保输出内容的精确性。如果涉及更具有艺术创作类型的课程（如美术、音乐等），可以将参数值设置得更具创新性；如果涉及理科课程（数学、物理等），可以将参数值设置得更具一致性。

2. 通过多模态大模型使输出内容更丰富

多模态大模型是一种能够处理和生成多种类型数据（如文本、图像、音频、视频等）的人工智能模型。这种模型通过整合不同模态的信息，得以理解和生成更为复杂、丰富的内容，从而提供更为恰当的输出。利用多模态大模型的能力，可将文本、图像和音频等多种形式的信息融合。例如，在讲授某个概念时，通过多模态大模型生成的图像或视频，帮助学生更好地理解和记忆学习内容。同时，学生也可以运用自然语言与模型进行交互，提出问题或请求，模型会根据输入的提示词生成相应的多模态内容。例如，在解释理论时，配合实例图示，以期增强学生的自学效果。

6.4 垂直大模型支撑人机协同教育

垂直大模型是专为特定行业或领域设计的大模型，通过在训练中引入大量领域的特定数据，使其具备对领域内专业知识的深入理解和生成能力。在对这类模型设计和训练的过程中，充分考虑了目标领域的专业知识和应用需求，通过对领域内大量专业数据的学习，具备了高度的领域适应性和更高层次的知识深度[①]。相比通用大模型，垂直大模型在专注于特定学科领域的人工智能技术应用中展现出显著优势。其应用涵盖精准的知识解析、自动化教学辅助工具的开发、教学资源的整合与优化、智能反馈与评估系统的构建，以及支持多样化教学模式与创新等多方面的应用，极大地增强了人机协同教育的效果。

垂直大模型凭借其强大的计算能力和深度学习算法，能够在特定学科领域内实现对知识点的精准解析与深度理解。与通用大模型相比，垂直大模型聚焦于特定领域开展专项训练和优化，具备更高的专业性和准确性。通过对海量专业文献、教材和实际案例的学习，垂直大模型能够深入理解复杂的学科知识结构，构建全面的知识体系。对学生而言，垂直大模型的深度解析和理解能力能够帮助他们更好地掌握学科知识；对教师来说，这些能力为其提供了强大的教学辅助工具，使其能够针对不同学生的需求开展个性化教学。垂直大模型通过对知识点的精准解析，发掘传统教学中难以识别的知识盲点和学习障碍，从而提供更有针对

---

① 蔡磊, 孟宪波, 韩冬梅, 等. 大模型在军事垂直领域的应用 [J]. 舰船科学技术, 2024, 46（05）: 171-175.

性的教学方案，提高学习效果和教学质量。垂直大模型对知识点的精准解析和深度理解，主要依赖其对特定学科领域大量数据的学习和分析能力。这种能力使垂直大模型能够深入学科内的每一处细节，从而在教育过程中提供更为精准的教学支持。

6.4.1 自动化教学辅助工具的开发

垂直大模型在自动化教学辅助工具的开发方面发挥了重要作用。通过对海量教学资源和数据的分析，垂直大模型能够生成智能题库、自动批改系统和个性化学习平台等自动化教学辅助工具。这些工具显著减轻了教师的教学负担，提高了教学效率。智能题库可以根据不同知识点及难度等级，自动生成适合学生练习的题目，帮助学生进行自主学习和知识巩固。自动批改系统通过对学生作业和考试答卷的智能分析，快速且准确地完成批改工作，提供即时反馈，帮助学生及时了解学习情况并加以改进。个性化学习平台则基于学生的学习数据，定制个性化的学习路径，提供适合其学习进度和需求的资源与建议，从而提高学生的学习效果。利用垂直大模型开发的自动化教学辅助工具，具有高度的智能化和个性化特征。这些工具能够简化教师复杂的底层工作，提供更加精准和高效的教学支持。与智能教育机器人相比，垂直大模型提供的个性化学习平台更具灵活性和智能性，能够更好地满足学生多样化的学习需求，助力学生进行自主学习。

6.4.2 整合与优化教学资源

垂直大模型可以对海量的教学资源进行智能筛选和优化配置，将优质资源整合，方便教师和学生使用。这种资源整合不仅提升了教学资源的质量，还增强了资源的可访问性和利用率。借助垂直大模型，教师可以方便地获取高质量的教学资源，设计出丰富多样的教学活动和课程内容；学生则可以利用这些优化后的资源进行自主学习，拓展知识面，提高学习效率。垂直大模型的资源整合能力有效解决了传统教学资源分散、质量参差不齐的问题，实现了资源的高效利用和教学效果的提升。

此外，垂直大模型能够根据具体的教学需求和学习目标，智能推荐和匹配最合适的教学资源。通过分析学生的学习数据，垂直大模型能够了解学生的知识水平、兴趣和学习进度，进而提供个性化的资源推荐。垂直大模型还具备资源动态更新和优化的能力。传统的教学资源往往存在更新不及时、内容陈旧的问题，难以满足快速变化的教育需求。相比智能教育机器人，垂直大模型通过检索增强生成等技术，不断收集数据并迭代模型，使其能够及时捕捉最新的学科发展和教育动态，对现有资源进行更新和优化，确保教学资源始终处于最新状态。这一特性使得教师和学生能够持续获取最前沿、最权威的学习资料，保证学习内容的时效性和先进性。

垂直大模型的资源整合与优化能力，同样促进了教育资源的公平分配和普及。长期以来，教育资源在地域分布和质量上的差异制约了教育公平的发展。通过垂直大模型的资源整合，可以将分散在不同地区、不同行业的优质教育资源进行统一管理和分发，使更多的学生能够平等地享有优质教育资源，缩小教育差距。

6.4.3 智能反馈与学习评估

垂直大模型的合理应用能够有效促进教学反馈与学习评估。通过对学生学习数据的智能分析，垂直大模型能够实时评估学生的学习情况，提供精准的反馈。教师可以根据这些反馈，及时调整教学策略和内容，进行有针对性的教学干预。学生则可以通过反馈了解自己的学习进展和不足，进行有针对性的复习。基于垂直大模型的反馈与评估系统，不仅提高了教育教学的科学性和针对性，还增强了学生的自信和主动性。与智能教育机器人相比，垂直大模型的反馈和评估更加深入和个性化。智能教育机器人通常只能提供一般性的反馈，而垂直大模型可以根据学生的个体差异，提供定制化的学习建议。对于学习能力较强的学生，垂直大模型可以推荐拓展性学习任务，鼓励他们深入探索学科知识；而对于学习困难的学生，垂直大模型可以分析其学习困难的根源，提供有针对性的辅导材料和练习题，帮助他们逐步提高学习成绩。

垂直大模型还可以对教学效果进行全面评估，发现教学中的问题和不足，提出改进建议，帮助教育管理者持续改进教育质量。

6.4.4 智能化教学支持

垂直大模型提供的智能化教学支持，使得新型教学模式得以更有效实施。与智能教育机器人在翻转课堂中的应用相比，垂直大模型提供的资源更加丰富和深入，能够满足不同层次学生的学习需求。在课堂互动环节，垂直大模型可以根据学生的课前学习情况和课程内容，为教师提供个性化的教学建议，帮助教师更好地引导学生深入探讨问题，提高课堂教学质量。学生可以通过垂直大模型提供的丰富资源和学习支持，开展自主学习和个性化学习；教师则可以根据学生的学习数据和反馈，实施有针对性的辅导。垂直大模型支持的多样化教学模式打破了传统教学的时空限制，实现了教学的个性化和灵活化，极大地提升了教育的效果和质量。

实践参考

扫码查看

第 7 章　人机协同教育教学的应用案例

当前,人工智能技术在教育中的应用正逐步重塑传统的教学模式,人机协同教育理论在实际应用中已经展现出其独特的教学优势。本章通过五个精心设计的案例,深入分析了人机协同教育教学的实践应用,从多个角度探讨了实践应用中积累的经验和存在的不足,旨在为从事人机协同教育教学的工作者提供新的参考和启示。

案例一来自某中学的人工智能社团课程,主题为"探索人与智能教育机器人的'对话交流'原理"。该案例引入智能教育机器人,旨在提升学生的抽象思维能力与协作意识,同时培养师生的人机协同教育教学素养。

案例二来自某小学的英语课程,以"My favourite season"为教学内容,设计了 AI 人机协同双师课堂,由人类教师和智能教育机器人共同主导教学,通过互动体验与活动探究,强化学生对季节特点的理解,提升其语言表达能力。

案例三来自某小学的数学课程,主题为"因数与倍数",探讨了生成式大模型在学科数学中的应用,通过智能教育机器人设置游戏闯关互动环节,强化学生对数学知识的理解,提升课堂教学效率和学生的学习兴趣。

案例四来自某小学的语文课程,以《六月二十七日望湖楼醉书》为教学内容,该案例引入了智能教育机器人,通过人机协同教育教学,帮助学生从不同的视角欣赏诗歌,培养其观察能力和想象力,提高审美情趣。

案例五来自某小学的英语课程,以"My Favourite Animal"为题,探讨了生成式大模型在英语学科教学中的应用,揭示了人工智能技术在教育创新中的广泛应用潜力。

这五个案例不仅涵盖从小学到中学的不同学段,还包括语文、英语、信息科技等多个学科领域,展示了人机协同教育教学在不同教学环境和学科中的实践情况,以及通过教育大数据分析得出结果的有效性与可行性。通过对这些案例的深入分析,我们可以清晰地看到,人机协同教育教学模式能够为传统教学带来创新与变革,为学生提供更加个性化、互动性强的学习体验。

7.1 人机协同课堂教学实践：探索人与智能教育机器人的"对话交流"原理

7.1.1 案例设计

本研究案例在某中学的人工智能社团开展实践，教学时间为 30 分钟。以中央电化教育馆主编的"中小学人工智能教育系列丛书"初中版为参考，对第五章"智能语音技术"部分的内容进行分析与整合设计。为确保社团课程的有序开展，同时帮助学生达成学习目标，在每节课堂实践前，参与授课的教师会多次与具有丰富教学经验的学科教师及人工智能教育专家针对课程内容、教学活动设计等多方面内容进行讨论，并对教学设计方案进行多次修改完善，从而更好地发挥智能教育机器人的作用，教学设计如表 7-1 所示。

表 7-1 探索人与智能教育机器人的"对话交流"原理教学设计

课时教学设计			
教师：	年级：初一	科目：人工智能教育	授课时间：
课题	探索人与智能教育机器人的"对话交流"原理		
课型	新授课☑ 章/单元复习课□ 专题复习课□ 习题/试卷讲评课□ 学科实践活动课□ 其他□		
教学内容分析	本节课将围绕理解、探究人机对话交互的基本原理和关键技术展开，通过活动体验的方式，让学生了解人机对话交互原理及模拟、自然语言识别、语音合成等关键技术的实现与应用，并借助可拓展的智能教育机器人进行人机对话文本设计。 人机交互涉及语音应答和动作应答两种方式，在智能教育机器人参与的课堂导入、提问答疑、对话交流和资源呈现等环节中，均涉及以上两种应答方式，根据智能教育机器人的语言对话编写规则和对话文本设计模板，可以完成相应的人机交互表格设计。 第一环节是课堂导入，通过探讨"生活中的智能产品"引发学生思考"生活中常见的人与智能产品进行沟通交流的方式是什么"，接着引入图灵测试的概念，让学生认识到自然语言对话是人机交互中的常见方式之一。第二环节是小组探究，从对比思考"人和计算机分别如何听说"的过程入手，让学生对机器的语音识别过程形成初步认知，随后安排学生与智能教育机器人进行人机对话交流，围绕问题进行小组讨论，使学生对概念知识进行转化应用。 智能教育机器人主要的任务是通过提问的方式与学生进行互动交流，通过相关知识讲解及活动组织，使学生感受真实的人机对话交互过程。此外，为了方便学生小组交流，智能教育机器人可在各小组间移动，与各小组进行沟通交流		

第7章　人机协同教育教学的应用案例

续表

课时教学设计	
学生分析	初一、初二年级的学生对智能教育机器人领域的相关知识表现出浓厚的好奇心及进一步了解的兴趣。从学生现有的认知水平来看，学生已初步了解了智能教育机器人的"五官"构成及功能，并初步学习了一些人工智能关键技术。但对于人与机器之间的信息交互方式及基本过程原理还不太了解，除此之外，通过之前的课堂教学发现，学生的认知能力存在差异
教学目标设计	1. 了解人机对话交互在生活中的应用场景； 2. 从生活应用场景中了解对话管理、多轮对话等概念； 3. 通过人机对话交互体验活动，进一步了解并分析人机对话交互的工作机制； 4. 通过对比分析人与计算机在识别和处理语言对话内容方面的差异，理解智能教育机器人与人类进行对话交互的实现基础； 5. 通过观察、体验，分析人机对话过程中蕴含的人机多轮对话间的关系； 6. 通过活动体验与观察分析，培养抽象思维能力；通过小组讨论交流，培养协作意识与团队合作能力； 7. 通过对生活中智能产品的应用场景的探讨，树立正确的智能教育机器人应用观念，辩证地看待人机共存关系
学习重难点	1. 通过对比分析人与计算机在识别和处理语言对话内容方面的差异，理解智能教育机器人与人类进行对话交互的实现基础； 2. 通过观察、体验，分析人机对话过程中蕴含的人机多轮对话间的关系； 3. 通过活动体验与观察分析，培养抽象思维能力；通过小组讨论交流，培养协作意识与团队合作能力

教学过程设计

环节一：创设情境		
S	T	M
回答小娜提出的问题	1. 指挥小娜进入课堂。 2. 根据学生的回答情况进行正向引导，说明语音控制是常见的人机控制方式。 3. 进行总结，说明语音对话是人与计算机/机器人的常见的交互方式并揭示本课主题：探究人与计算机的对话交流过程	1. 通过自主导航移动到指定位置，并进行自我介绍。 2. 与学生进行互动，并引导学生根据自身情况进行回答。说：生活中有各种各样的智能产品，请举例说明，并思考你控制智能设备的方式 3. 呈现"图灵测试"的视频介绍，并提出问题：图灵通过什么方式来测试人工智能
活动意图说明：本环节通过小娜和学生的对话互动，吸引学生兴趣，实现 AI 人机协同双师课堂教学		

· 109 ·

续表

课时教学设计		
环节二：互动体验——成语接龙		
S	T	M
1. 总结计算机进行语音识别的原理及过程。 2. 按照活动提示展开人机互动，体验人机语音对话的过程，并进行小组讨论	1. 提问：人是如何听和说的？引导学生结合课件内容和亲身经历回答问题。 2. 开展成语接龙互动活动。教师预先对小娜的语言语料库进行设置，设计人机成语接龙游戏。在活动开始前，简要说明活动规则和任务并演示活动过程： （1）各小组分别与小娜进行成语接龙，活动过程中，注意引导学生将自己和小娜的对话内容记录在学习单上； （2）各小组围绕成语接龙过程中的人机对话内容进行讨论，将不同对话内容进行归类。 3. 根据各小组的讨论情况，适时给予各小组个性化指导，确保人机互动活动顺利展开，引导学生进行问题思考和对话内容提炼，促进其对人机交互的深入思考	1. 小娜根据学生的回答情况进行引导：耳朵只是人获取声音信号的器官，而大脑中的听觉中枢和语言中枢才是加工、处理和理解声音信号的关键。以此类推，类比计算机识别声音信号的过程。 2. 与学生玩成语接龙游戏
活动意图说明：本环节通过成语接龙这个互动游戏，让学生体验人机交互的过程，进而引发学生进行更深层次的思考		
环节三：互动体验——多轮对话		
S	T	M
1. 与小娜围绕同一主题进行多轮对话。 2. 回答小娜的问题：在人机对话过程中，当前对话内容会受到对话上下文的影响	基于学生的回答，总结人机对话交互的工作原理	1. 模拟多轮对话过程。 2. 提问：在成语接龙活动中，是否出现了类似的情况，并引导学生回答。 3. 根据学生回答进行归纳总结：在人机对话过程中，除了包含语音识别和语音合成两个关键环节，还存在一个"对话管理"的作用机制
活动意图说明：本环节旨在加深学生对人机对话作用机制的了解，通过多轮对话的活动形式，引导学生在实践中发现问题		

续表

课时教学设计		
环节四：活动探究——设计人机交互对话文本		
S	T	M
设计人机对话文本，进行对话功能调试。各小组基于小娜讲解的知识，确定对话主题和内容，进行小组分工，协作设计对话文本	1. 组织各小组进行探究活动的成果展示。 2. 对各小组的表现进行评价	1. 对人机自然交流实现过程进行介绍：包括设计人机对话文本、导入对话语料库、调试机器人进行对话问答三个主要环节。 2. 会暂时作为验证各小组人机自然对话文本的教学工具
活动意图说明：本环节旨在帮助学生理解智能教育机器人与人类进行对话交互的实现基础，通过对比分析人与计算机在识别和处理语言对话内容方面的差异，引导学生找到一种自然、流畅且有效的交流方式，使机器人能够与人类进行有意义、人性化的对话		
环节五：分享交流		
S	T	M
阐述其设计理念、主要内容和过程中遇到的困难，并对本小组的表现进行评价	1. 围绕人机关系提出"人与机器人的相处关系"这个思考问题，引导学生以小组的形式进行观点分享，组织学生讨论：人与机器人的关系是怎样的？ 2. 在对话文本设计的小组活动探究中，鼓励学生对遇到的困难和解决措施进行分享交流	组织学生对本堂课的知识内容进行回顾，并对学生的课堂表现进行正向且积极的评价
活动意图说明：本环节旨在巩固学生的学习成果，提升课堂的教学效果。学生们通过分享自己的实践经验和过程中遇到的困难，从他人的方法和策略中学习，提升自己的技能和能力。在分享中，不同的观点和想法相互交织，可以激发学生们产生新的创意和解决方案		
知识网络（板书设计） 任务一 人机成语接龙 任务二 体验多轮对话 任务三 设计人机对话文本		
教学评价	《探索人与智能教育机器人的"对话交流"原理》课程的评价设计，力求实现学习评价主体多元化，采取师评、生生互评、自评相结合的方式，通过运用评价量表、学习单自评及教师积分制评价的方式，对学生的课程参与能力、动手实践能力和问题解决能力进行综合评价，注重过程性评价与总结性评价相结合。 教师评价部分则是根据学生课堂参与度、任务完成情况、动手操作表现进行评价	

7.1.2 案例反思

为深入探究人机协同教育教学活动设计的合理性，在课程结束后，我们邀请了中小学一线教师、人工智能教育专业研究生和专家进行访谈。访谈内容围绕教师对智能教育机器人在课堂教学中应用的态度、使用意愿，以及对人机协同教育教学活动设计的评价和建议。访谈过程中，我们首先要求受访者观看一节智能教育机器人支持的人机协同课堂教学实录视频，然后记录受访者的回答，并使用录音设备进行资料备份。最后根据反馈结果适当调整课程教学。

1. 智能教育机器人支持课堂教学的态度情况

整体上，受访者对智能教育机器人参与课堂教学持认可态度。对于"您觉得是否认可智能教育机器人参与课堂教学活动设计？"90%的教师表示认可，认为智能教育机器人进入课堂，在激发学生兴趣、吸引学生注意力及增加学生真实体验等方面有着积极的促进作用。例如，信息科技教师杜老师在访谈中提到："通过与智能教育机器人的亲身接触获得的生成性知识，比通过传统的语言讲授、知识传递所获得的概念性知识，更容易被学生记住，理解也更加深刻。"

其次，智能教育机器人自身集成的学科资源为教学活动的开展提供了极大的便捷性。受访者表示，传统教学中的学习资源大多数是教师根据学生的知识水平和教学内容精心选择的，耗费一定的时间和精力，而智能教育机器人能够通过语言对话的方式，向学生提供个性化的学习资源，不仅节省了教师时间，而且能精准、及时地满足学生的资源需求。

2. 人机协同教育教学活动设计与实施情况

首先，活动环节设计合理，在促进学生参与课堂交流、集中注意力于课堂等方面发挥了积极作用。在询问"您觉得智能教育机器人参与的教学活动是否对促进学生学习有帮助？"时，几乎所有的受访者都表示，智能教育机器人参与的人机协同教育教学活动对提升学生的课堂参与度是有效果的。具有多年教学经验的信息科技教师石老师表示，"智能教育机器人进入课堂，对于学生而言，本身就很新颖，因此，可以快速调动学生的积极性；另一方面，通过具体的互动体验活动过程，让学生从对智能教育机器人本身的兴趣拓展到对人机对话交互的关注，进而对学习内容进行思考"。其次，通过与智能教育机器人的交互，学生能深入理解知识内容，并实现知识的内化与应用。王老师表示："在智能教育机器人参与的课堂教学活动中，显著提升了学生的参与度和积极性。这种方式更有效地促进学生将知识体验转化为知识理解、内化及应用，与其他教学策略相比，更能给学生留下深刻印象"。还有老师指出，在实际课堂中，教师应整体控制各环节的活动时间，尽量降低因智能教育机器人技术不完善带来的课堂秩序混乱等问题。

3. 智能教育机器人支持的人机协同教育教学的建议

一是围绕学科内容设计人机协同教育教学活动。几乎所有的受访者都表示，学科内容对人机协同教育教学活动的设计与实施有重要影响。通过观看教学案例课堂实录，授课老师认为，设计如人机成语接龙等互动游戏，能很好地将教学内容、智能教育机器人应用很好地结合起来，并且活动设计和实施效果相对合理。同时，在不同学科中，智能教育机器人的功能应用侧重，教学内容与智能教育机器人联系越紧密，越能充分利用智能教育机器人自身功能进行教学活动设计。

二是重视发挥教师教学机智和整体设计能力。通过分析访谈内容发现，几乎所有教师都认为，教师是人机协同教育教学的主导者，学生情感价值观提升等高阶教学目标的实现需要教师的引导。另外，部分受访者比较关注教师的机器人操作熟练度、教学时间掌控等教学管理能力，尤其是课堂秩序和纪律问题。除此之外，受访者表示人机协同教育教学活动设计要与知识内容相结合，并且在实施过程中积极引导学生通过课堂参与、人机交互等方式真正思考问题，而不是停留在活动体验等浅层次中。

三是与教学内容关联性越强，教师越能主动设计智能教育机器人所参与的教学环节或人机交互活动。在回答"您认为您会在哪些环节设计智能教育机器人参与的教学活动？"这一问题时，80%的受访者表示，会在与智能教育机器人关联性较高的教学任务、环节中设计人机协同教育教学活动，侧重关注智能教育机器人提供学习资源、为学生提供直观互动体验等方面。结合教学案例和与学生的交流，发现在课堂中，当单一强调智能教育机器人能替代知识讲解等重复性教学的作用时，随着时间的推进，学生对智能教育机器人的专注度和注意力逐渐减弱，学生表示，希望能通过动手操作、亲身体验的方式，对智能教育机器人的相关知识有更深入的了解。

四是加强智能教育机器人本体功能设计的教育适用性。当前，智能教育机器人等教学应用产品存在基础设施环境要求高、实用性不强、操作难度大、功能同质化等问题，导致其实际应用率不高，难以产生预期效果。因此，智能教育机器人的功能设计应以满足教师、学生等用户群体的真实需求为基础；其次，采用应用场景化设计，将用户群体中常见的教学场景或未来迫切实现的教学场景作为本体设计的目标。通过构建智能教育机器人的教学应用场景，分析、筛选出用户的真实需求，并理清需求的强弱和先后顺序。

7.2 人机协同课堂教学实践：My favorite season

7.2.1 案例设计

本案例设计了一个由智能教育机器人支持的人机协同课堂，由人类教师和机器教师共同主导。该案例在某实验校实施。人类教师为一名小学五年级的英语教师，机器教师为一个实体智能教育机器人，该班一共有50名学生，教学内容为小学五年级下册英语Unit2 My favorite season，教学设计如表7-2所示。

表7-2 My favorite season 教学设计

课时教学设计			
教师：	年级：五年级	科目：英语	授课时间：
课题	Unit 2 My favorite season Part A Let's talk&learn		
课型	新授课☑ 章 / 单元复习课□ 专题复习课□ 习题 / 试卷讲评课□ 学科实践活动课□ 其他□		
教学内容分析	What：本课时是 Part A 的对话词汇融合课，通过 Mr. Jones 在课堂上与学生们讨论最喜欢的季节，呈现单词和句型的语义和语用。陈洁喜欢秋天，John 和 Mike 喜欢冬天是因为他们喜欢雪，吴斌斌喜欢春天是因为春天漂亮。学生通过了解四季的特征，学会欣赏四季之美，然后画出心目中最美的四季。 Why：学生通过一系列的活动，如：听力训练、单词学习、句型操练等掌握本课时的重点句型和词汇，能在实际情景中询问和回答最喜欢的季节的问题，认识四季并欣赏四季不同的美丽。 How：本课时的核心词汇是：spring, summer, autumn, winter, season；核心句型是：Which season do you like best? Winter. I like snow. It's pretty. 通过讨论四季的场景，让学生感知上述句型的语用和语义。学生能听、说、读和表演本课时的词汇的语篇，并能在实际的情景中运用句型去询问并回答对季节的喜好，同时完成拓展任务，即描画出心中最美的季节		
学生分析	认知水平：经过将近三年的英语学习，学生具备了一定的听、说、读、写能力，他们能读懂语言简单、主题相关的简短语篇，从中获取具体信息，理解主要内容，还能运用所学语言与他人进行简单交流。 知识储备：学生在三、四年级时学习了有关颜色和天气的内容，能用"It's...."的句型描述天气和事物的颜色。在本册第一单元的学习中，他们能用动词短语描述自己一天或一周的活动，这为本课描述季节活动打下了基础。学生已能用"What's your favorite ...？"询问喜好，这与核心句型"Which season do you like best？"表达的是相同意义。因此本单元学习内容对学生来说难度不大，教师需要提供连贯的语境，以旧带新激活学生原有的认知，通过丰富语篇促进学生的多元表达。 生活经验：五年级学生对于"季节"这一话题并不陌生，但缺少真实的语言情境进行操练。学生会回忆起四季的不同特点，不过要准确运用表示四季的单词及句型描述自己喜欢的季节，还需要教师创造更多实践机会		

· 114 ·

续表

课时教学设计	
教学目标设计	通过学习本课时，学生能够： 1. 掌握听力技能，在图片和教师的帮助下理解语篇，获取关键信息，掌握核心单词和句子的语用及语义，了解教材中人物喜爱的季节；（学习理解） 2. 学生能够用正确的语音、语调、意群朗读对话和单词，对四季的不同特征形成初步的认识。在实际情景中，学生能运用核心语言"Which season do you like best? I like...It's..."去询问并回答关于季节喜好的问题；（应用实践） 3. 学生能创造性地表演对话内容，画出心中最喜欢的季节，并恰当运用语言"I like...It's...I can..."来表达
学习重难点	1. 学生能够听、说、认、读四季词汇，并说出各个季节的特点及可以做的活动； 2. 学生能完成听力和对话任务，理解对话内容，掌握核心词句的语用和语义，能在实际情景中运用核心语言"Which season do you like best? I like...It's..."去询问并回答对季节的喜好。 Think and answer 环节通过教师询问小娜最喜欢的颜色、天气和衣服等问题，给学生做示范

教学过程设计

环节一：课前导入，单词学习		
S	T	M
和教师互动。听歌曲，打招呼。 在机器人、图片和教师的帮助下理解词汇，获取关键信息，掌握核心单词和句子的语用及语义，了解每个季节的特点及可以做的活动（学习理解）。 说说自己最喜欢的季节。最后一起讨论	1. 播放歌曲。 2. 介绍小娜。 3. 操作小娜，描述季节，学生猜测季节。 4. 呈现四季词汇及各个季节可以做的活动。 5. 分别询问小娜和学生最喜欢的季节	1. 自我介绍。 2. 和学生互动，让学生猜季节。 春： The flowers are red. The grass is green. It is warm and windy. I can_____. (plant trees fly a kite) 夏： It is hot and sunny. And the days are long. I can _____ (eat watermelons go swimming) 秋： The leaves are golden. The farmers are busy. It is cool and windy. I can _____. Pick apples Go hiking 冬：

续表

课时教学设计		
		What's the weather like in winter? What can you do? 3．互动交流。 小娜和教师交流最喜欢的季节。 My favorite season is spring. Spring is colorful.I can fly a kite

活动意图说明：本阶段的学习活动通过深入剖析 A Learn 中的主情景图，结合 A talk 中的语言结构，开展单元整体教学，通过听力问答的形式来引出新词的学习，在降低难度的同时激发了学生的求知欲，在教授单词时，也整合前面所学的语音知识，培养学生的拼读习惯。教师先和小娜对话，为学生做示范，吸引了学生的注意力，为学生后续的语言输出奠定基础。通过小娜描述季节特点，让学生猜测是哪个季节，以此实现 AI 双师人机协同课堂教学

环节二：句型感知		
S	T	M
在教师的示范下和小娜进行互动。 Answer	示范，引导。 Which season do you like best(初次呈现句型)	Ask and answer I like summer best. M：Which season do you like best
Talk with Xiaona. Which season do you like best	指导	Pair work I like spring best.The weather is sunny.I can eat ice cream
Answer	帮助。 Ask more students	Survey Which season do you like best
	总结。 帮助梳理对话。 Give examples	

活动意图说明：本环节旨在巩固前面所学的核心语言知识，通过多种形式的活动吸引学生的兴趣，照顾不同学习层次的学生，在实践中检验学生的学习成果，帮助其内化所学的语言知识

知识网络（板书设计）	

教学评价	1. Read aloud. 能够大声朗读。★ 2. Read correctly and fluently. ★★ 能够正确并流利朗读。 3. Read with action and emotion. ★★★ 能够配上动作和感情朗读

7.2.2 案例评价

为剖析人机协同教育教学实践的有效性、检验课堂教学活动设计的合理性，采用 iFIAS 对课堂进行了实时编码和分析。本案例的 iFIAS 分析结果如图 7-1 所示。

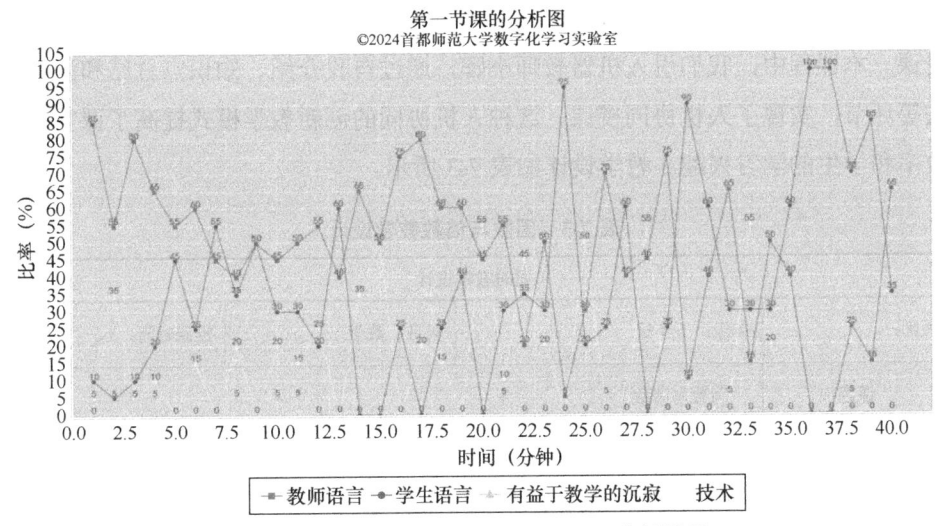

图 7-1 "My favourite season" iFIAS 分析结果

从图中可以得出以下结论：课堂呈现出明显的阶段性特征，教学活动设计条理清晰；师生之间语言互动频繁，形成了以师生为中心的教学模式；技术使用频率高，标志着这是一个技术丰富的课堂环境；课堂交互频繁，节奏变化明显，有助于保持学生的参与度。

根据具体数据显示，教师对学生的间接影响与直接影响比率分别为 46.48% 和 53.52%，这表明教师在引导学生时既会进行直接指导，也会给予间接启发。教师语言中的积极强化与消极强化比率为 110.53%，显示出教师更倾向于使用正面激励的方式促进学生学习。在教师语言中，提问占比达 26.13%，其中受学生驱动的提问比例达到 62.88%，反映了教师鼓励学生主动思考的教学策略。

进一步分析发现，本次课堂中教师总共提出了 98 个问题，其中开放性问题的频次为 85 次，占教师提问总数的 86.73%；封闭性问题的频次为 13 次，占比 13.27%。这表明课堂主要采用开放性问题进行教学，有利于激发学生的深度思考，促进深度学习。

7.3 人机协同课堂教学实践：因数与倍数

7.3.1 案例设计

本案例针对小学五年级数学课程"因数与倍数"展开，以新授课的课型开展授课。本课程中，我们引入机器教师小娜，通过自我介绍、知识点总结和游戏闯关等环节，实现了人机协同授课。这种人机协同的创新教学模式提高了课堂教学效率和学生的学习兴趣。教学设计如表 7-3 所示。

表 7-3 因数与倍数教学设计

课时教学设计			
教师：	年级：五年级	科目：数学	授课时间：
课题	因数与倍数		
课型	新授课☑ 章 / 单元复习课☐ 专题复习课☐ 习题 / 试卷讲评课☐ 学科实践活动课☐ 其他☐		
教学内容分析	本单元是在学生学习了整数的认识、整数的四则混合运算、小数、分数及负数的认识等知识的基础上展开的。本节课主要引导学生学习因数和倍数的概念，以及找出一个数的因数和倍数的方法。因数和倍数是数论的基础概念，理解这些对于进一步研究更复杂的数论问题（如最大公约数和最小公倍数）至关重要。掌握因数和倍数的概念和方法，有助于学生理解数的内在结构，为后续学习打下基础		
学生分析	五年级学生年龄通常在 10～11 岁，处于小学高年级阶段，已经具备一定的数学基础和逻辑思维能力。在认知发展方面，能够进行具体事物的逻辑运算。在数学基础方面，已经学过整数的加减乘除运算，对数有一定的认识。在理解需求方面，需要通过具体例子理解抽象的数学概念。在操作需求方面，需要通过实际操作来巩固和深化理解		
教学目标设计	1. 认识因数与倍数，理解因数与倍数的定义和意义，能够找出一个数的因数与倍数。 2. 通过探索问题的过程，培养发现、提出、分析和解决问题的能力，发展数感，培养应用意识。 3. 渗透集合和分类思想，培养有序思考的思维习惯		
学习重难点	1. 因数和倍数的定义。 2. 找出一个数的因数和倍数的方法。 3. 因数和倍数的相互依存关系		

续表

课时教学设计

教学过程设计

环节一：人机互动，激趣导入		
S	T	M
观察讲台，发现机器人	问：今天的课堂和平时的课堂有什么不一样吗	
与机器人打招呼：你好！小娜！请介绍一下你自己	介绍小娜：谁能跟我们的机器人打个招呼？他可是我的好朋友，他的名字叫小娜	与学生打招呼：同学们，大家好，我是你们的好朋友，智能教育机器人小娜，也是本节课的助教。我非常喜欢和你们交流，如果有什么问题，欢迎随时来问我。让我们一起开启本节课的学习之旅吧
展现出对本节课的期待	正式开启本节课：好，你们期待和助教小娜合作吗？我相信，这节课有了助教的陪伴，一定会更加精彩	

活动意图说明：本环节通过人机互动，激发学生的学习兴趣，为后续的知识学习做好铺垫

环节二：创设情境，导入新课		
S	T	M
介绍自己的好朋友	问：每个人都有自己的好朋友，你的好朋友是谁？如果我说某某是好朋友行吗？朋友一般表示人与人之间的关系，所以介绍时一定说清楚谁是谁的朋友，这样别人才能明白	
	引出课题：在数学中，数与数之间也有很多种关系，今天我们就来学习数与数之间因数、倍数的关系（板书课题）	

活动意图说明：通过学生感兴趣的好朋友话题，激发学生的学习兴趣

环节三：探究体验，经历过程		
S	T	M
理解题意，独立完成：平均分成6组，每组2人；平均分成3组，每组4人；平均分成12组，每组1人	提问：如果将12个人分组，要求每组人数一样多，怎么分？用算式表示。请学生自愿到黑板上写算式（使用12个磁力扣，一名学生演示，一名学生记录算式）	

续表

课时教学设计		
回答问题：2组余2人	追问：如果每组有5个人，可以分为几组	
分类	引导学生思考：观察算式，你有什么发现？尝试分类	
解答小娜的问题	1. 到底什么是因数？什么是倍数？大家是否对因数、倍数有些了解了呢？我们的机器人小娜老师对于因数和倍数这两个知识点也有几个疑问，想问问大家，看看哪位同学能够解答呢？ 2. 对学生的回答进行点评	我的问题是：小数也是数，如果0.4×2=0.8，那么0.4和2是0.8的因数吗？0.8是0.4和2的倍数吗？我再举个例子，7+5=12里面有因数和倍数吗
	用简单的一两句话总结什么是因数、倍数。小组讨论一下。我们请助教小娜来总结	总结：在乘法或者除法算式里，首先这两个数得是整数，即非0自然数，它们还不能有余数，即必须是整倍数的关系，因数与倍数是相互依存的关系

活动意图说明： 本环节通过解决实际问题，引导学生理解因数和倍数的概念。通过机器人的提问，让学生理解因数、倍数仅限于非0自然数范围内，突破本节课的重难点

环节四：在概念巩固中，优化认知结构。

S	T	M
生一：15是倍数，3和5是因数。 生二：不同意。15是3和5的倍数，3和5是15的因数。 （因数和倍数总是成对出现的）	让学生举几个例子，说一说谁是谁的因数，谁是谁的倍数	
10÷2=5。10是2和5的倍数，2和5是10的因数	引导学生举个除法的例子，并说出因数和倍数	
讨论交流	巡视指导	下面哪些数是7的倍数？先独立思考，再与同学交流你的想法（7,14,17,25,77）

活动意图说明： 通过再次举例，让学生知道乘除法算式中因数和倍数是相互依存的关系。根据机器教师的提问寻找7的倍数，理解并掌握到找一个数的倍数的方法

续表

课时教学设计		
环节五：互动游戏，巩固练习		
S	T	M
你好，小娜，请出题！思考后答题	小娜老师想考考大家学得怎么样，她设置了游戏大闯关环节，我们一起来挑战一下吧	同学们，准备好了吗？一起来接受我的挑战吧！ 请认真听题。 关卡一：判断对错 关卡二：猜猜我是谁？ 关卡三："因数和倍数大挑战" （因篇幅限制，具体题目不在此展示）
知识网络（板书设计） 因数与倍数 1×12=12　　12÷2=6　　12÷5=2……2　　非0自然数 2×6=12　　　12÷3=4　　有余数的　　　　整倍数 3×4=12　　　12÷1=12　　　　　　　　　相互依存 谁是谁的因数，谁是谁的倍数		
教学评价	通过具体习题进行评价	

7.3.2　案例反思

在此案例实施过程中，智能教育机器人的引入为教学带来了新的活力和挑战。本次智能教育机器人的角色以学伴为主，这样既激发了学生的学习兴趣，也使得智能教育机器人与教师能够协同完成教学任务。总结该案例，得出以下三点结论：

1. 在课堂开始时，智能教育机器人的引入极大地激发了学生的学习兴趣。机器人的互动性和新颖性使得学生的注意力迅速集中，为后续教学活动的开展打下了良好的基础。机器人的引入还为课堂营造了一种科技感和现代感，让学生对人工智能的实际应用有了更直观的认识。

2. 在问答环节，智能教育机器人为学生提供了一个安全、积极的思考环境。学生对于与机器人互动问答表现出极大的兴趣，这不仅帮助学生巩固了知识点，还激发了他们的探究精神和创新思维。同时代表了智能教育服务机器人可以独立承担一些简单的教学任务。

3. 在教学过程中，教师注重对学生价值观的引导。通过智能教育机器人的应用，学生能够认识到人工智能在社会发展中的积极作用和潜在挑战。通过讨论和反思人工智能的应用，学生能够更加全面地理解技术带来的影响，培养科学的技术观和价值观。

7.4 人机协同课堂教学实践：六月二十七日望湖楼醉书

7.4.1 案例设计

本案例在某实验校开展，构建了一堂 AI 人机协同双师课，教学内容为古诗《六月二十七日望湖楼醉书》，教学设计如表 7-4 所示。

表 7-4 《六月二十七日望湖楼醉书》教学设计

课时教学设计			
教师：	年级：六年级	科目：语文	授课时间：
课程	《六月二十七日望湖楼醉书》		
课型	新授课　　　　章/单元复习课☐　　　专题复习课☐ 习题/试卷讲评课☐　学科实践活动课☐　　其他☐		
教学内容分析	诗歌圣地是人类的精神后花园，它汇聚美景、凝聚美情，是培养学生审美能力和人文素养的重要载体。在诗歌教学中，教师不仅要传授学习诗歌的方法和技巧，让学生更好地感悟诗人的情感与情怀，还要引导学生带着一双发现美的眼睛去感受诗歌的美，鉴赏诗歌的美，并从不同的视角、层次、角度和深度去挖掘诗中蕴含的美的力量。 《六月二十七日望湖楼醉书》是部编版语文六年级上册第一单元第 3 课古诗词三首中的一首，作者苏轼以细腻精神的笔触描摹了夏日西湖瞬息万变的壮观景象，生动展现了云翻、雨泻、风卷、天晴等自然景象的急剧变化。诗的字里行间处处流淌着一个大大的"美"字——古诗独有的韵律美和语言美、西湖天气变幻的意境美、苏轼的人格美及诗歌蕴含的哲理美，美在其中，美美与共。"醉"字，一是见于诗题中的"醉书"，作者醉意微醺抑或正浓；二是陶醉和沉醉在这变幻莫测的西湖美景之中。师生唯有视诗如水，拾级而上，方能沉浸游弋于这场"醉美"的盛会，方能领略和欣赏这姿态横生的艺术境界		
学生分析	小学阶段的学生正处于从形象思维向抽象思维过渡的关键时期，对直观、形象的事物有较高兴趣，且好奇心强，喜欢探索未知。在学习《六月二十七日望湖楼醉书》时，学生已具备一定的古诗词基础，能初步理解诗句的字面意思，但对于诗中深层的意境美、情感表达及艺术手法的运用可能理解不深。此外，由于生活经验的限制，学生可能难以直接体会诗中描绘的自然景象的震撼与美妙。因此，教学时应注重创设情境，引入人工智能等相关技术，让学生仿佛置身于西湖边。同时结合讲解与讨论，引导学生深入理解古诗词内涵，激发其学习古诗词的兴趣和热情		

续表

课时教学设计	
教学目标	1. 正确、流利地朗读并背诵《六月二十七日望湖楼醉书》，掌握诗中关键字词的意思，理解诗句的基本含义。 2. 通过教师引导及人工智能技术的辅助，以及小组合作讨论等方式，感受诗中描绘的自然景象之美，学会分析诗词中的意象与情感，培养观察力和想象力，提高审美能力。 3. 激发对古诗词的兴趣和热爱之情，培养对自然美的感知能力，学习苏轼乐观向上的人生态度，面对生活中的变化时，能够保持平和与豁达。认识到中华文化的博大精深，增强民族自豪感和文化自信
学习重难点	学习重点：感受诗中描绘的自然景象之美，学会分析诗词中的意象与情感 学习难点：学习苏轼乐观向上的人生态度，认识到中华文化的博大精深，增强民族自豪感和文化自信

5．教学过程设计

环节一：课前介绍		
S	T	M
小娜，你好	今天，有一位新朋友和我们一起上这节课，她就是小娜老师。请同学们和小娜老师打招呼	同学们好！我是小娜，在上课的过程中，我会尽力帮助大家，希望和大家一起度过愉快的40分钟，现在让我们一起来探索知识的奥秘吧

环节二：诗画交融，智趣课堂		
S	T	M
根据机器教师出示的画面，猜相应的古诗。 《元日》 《村晚》 《晓出净慈寺送林子方》	《中国诗词大会》这个节目大家看过吗？今天我们来当选手。古人说，"诗中有画，画中有诗"，下面我们就来看画面、猜古诗，看谁说得又快又准	展示画面，让学生猜测对应的古诗句或诗人

续表

课时教学设计		
	小娜老师,能用一两句话形容一下同学们刚才的表现吗	你们真是太厉害了,每个问题都回答得那么精准,速度还快,为你们的智慧和敏捷点赞
1. 根据课前预习,以及以往的学习积累,介绍诗人。 2. 回答:时间、地点、事件。 3. 回答:醉,指喝醉	1. 你能用一两句话说说你对苏轼的了解吗? 2. 诗题中包含很多有价值的信息,你能从诗题中读出什么? 3. 顺势圈划出"醉"字并质疑,"醉"在诗中指什么?仅仅指喝醉吗?引发学生的深度思考	根据学生的回答进行总结
自由朗读	自由朗读古诗,读准字音,读通诗句(指名读、齐读)	对学生的朗读情况做出评价
活动意图说明: 利用人工智能技术设计互动游戏,增加课堂的趣味性和互动性。通过引导学生了解诗人、理解诗题、朗读古诗,让其循序渐进地进入诗的意境		
环节三:雨幕瞬息,诗意深探		
S	T	M
回答:这首诗描述了下雨的场景,并且说明了天气变化之快	初读这首诗,你认为诗中描绘了怎样的画面?给你留下了怎样的印象	
品析、交流诗句,并进行有感情地朗读	在这首诗中,作者又是如何为我们描绘这幅急雨图的呢?请你找出诗中表示天气瞬息万变的词,写写自己的感悟	

续表

课时教学设计		
结合诗句说说想到了怎样的画面	品析交流"黑云翻墨未遮山，白雨跳珠乱入船"	
朗读并体会（自由读：男女生分开读）		
结合诗句说说想到了怎样的画面	品析交流"卷地风来忽吹散，望湖楼下水如天"	带"忽"的诗句有很多，比如唐朝诗人岑参的《白雪歌送武判官归京》中写道"忽如一夜春风来，千树万树梨花开。"这里的"忽"不仅写出了"胡天"变幻无常，大雪来得急骤，而且"水如天"写出了水面像天空一样宽阔、平静、明净、蔚蓝

活动意图说明：
通过引导学生找出诗中表示天气瞬息万变的词语，帮助学生更深入地理解诗的内容，把握诗描绘的急雨图及其背后的意境。引导学生在理解的基础上，进行有感情的朗读，有助于培养学生的品读能力，使他们能更细腻地感受诗的语言美和韵律美

环节四：醉意深长，探秘苏轼		
S	T	M
谈谈自己的理解	此时此刻，我们再来品一品题目中的"醉"字，你觉得苏轼仅仅是因酒而醉吗	智能生成关于苏轼生平、时代背景、政治遭遇等的相关内容
根据机器人小娜的时间线，可能得出结论：面对挫折、坎坷、磨难、人生的风雨，苏轼一直都能坦然对待，微笑面对	观察机器人小娜出示的时间线，你觉得苏轼是一个怎样的诗人？体会诗人要表达的心境	生成一个关于苏轼生平的时间线，突出显示他因反对王安石新法而被贬为杭州通判这一重要事件，以及他此后的人生轨迹和作品创作情况

续表

课时教学设计		
		小娜再次评价苏轼：有人说，苏轼是史上粉丝最多的文坛大咖，不仅仅是因为他诗词书画样样精通，更重要的是正如同学们所说的，他身处逆境，依然能保持着那份坦荡、从容、乐观和豁达

活动意图说明：

诗的创作背景、作者当时的心情和处境，都是深入感知、理解诗的钥匙，想要读懂这首诗，首先就要读懂人，知人论世，自然便了解其文。

通过机器教师生成苏轼生平的时间线，有助于学生将诗的内容与苏轼的个人经历紧密联系起来，帮助学生更全面地了解苏轼的处境和心境。

苏轼在仕途上两起两落，被贬达十余年之久，在沉浮不定的人生面前，他表现出了极强的适应力。横遭贬谪也好，自请外放也好，都没有使他颓唐丧志。不管身居何处，无论爵位高低，他都能随遇而安，有所作为。屡遭挫折却能够始终保持一种乐观、旷达的人生态度，这也正是一千多年来有那么多人热爱他、敬仰他的重要因素。这首诗在一定程度上折射了苏轼的独特魅力，所以，对苏轼人格的欣赏一定要根植于诗歌的创作背景及作者的心境

环节五：雨诗飞花，智趣比拼		
S	T	M
小娜生成的数字对应学生的学号，被抽中的学生与小娜进行飞花令游戏	其实，不光苏轼写过有关于雨的诗，很多诗人都曾写过。同学们来和小娜比赛，看谁说得又快又准	1. 从 1～32 中随机生成四个数字，生成的数字对应相应学生的学号 2. 对学生的回答进行整体点评

活动意图说明：

飞花令作为一种传统的诗词游戏，能够帮助学生巩固之前学过的关于雨的诗句。通过快速、准确地回答，学生可以加深对这些诗句的记忆和理解。

引入与机器人小娜的比赛形式，激发学生的学习兴趣和积极性。学生们在与机器人互动的过程中，能够感受到学习的乐趣，从而更加主动地参与到课堂活动中来。同时，要求学生在短时间内迅速反应，说出与雨相关的诗句，有助于培养学生的思维敏捷性和口语表达能力，使他们在紧张刺激的氛围中锻炼自己的思维。

利用机器人小娜进行随机数字生成和点评，为课堂增添智能元素。这不仅展示了科技在教育中的应用，也让学生感受到科技带来的便利和乐趣。

在游戏过程中，教师作为引导者，可以适时地给予学生提示和鼓励；学生之间也可以相互学习和借鉴，从而形成积极的课堂氛围

环节六：雨意对比，情感探析		
S	T	M
分析两首诗的不同之处，理解诗人借雨表达的不同情感，进而有感情地进行朗读	根据飞花令中提到的诗句，任选一首与《六月二十七日望湖楼醉书》进行对比	

续表

课时教学设计	
活动意图说明： 通过将诗句进行对比，引导学生深入分析两首诗在雨意表达、情感寄托等方面的不同之处。这有助于培养学生的诗歌分析能力，使他们能够更敏锐地捕捉诗歌中的细微之处。 诗歌是情感的载体，通过对比两首诗中诗人借雨表达的不同情感，学生可以更深入地理解诗人的内心世界和情感变化。这有助于提升学生的情感理解能力，使他们能够更好地把握诗歌的情感基调	
知识网络（板书设计）	六月二十七日望湖楼醉书 宋　苏轼 阴　　云翻 雨　　雨泄　　热爱自然 　　　风卷　　积极向上 晴　　天晴
教学评价	1. 小组交流评价。 　小组交流评价表 　1. 主动思考，积极发言　☆ 　2. 认真倾听，及时评价　☆ 　3. 做出补充，发表观点　☆ 2. 小娜在飞花令环节进行评价

7.4.2 案例反思

在此案例实施过程中，智能教育机器人的引入和应用为教学带来了新的活力和挑战。本节课的智能教育机器人辅助教师完成了课前的教学设计及课堂授课等环节。

1. 在课前准备阶段，智能教育机器人帮助教师完成了教学设计，包括教学流程的规划、教学内容的整合及教学资源的推荐等，在一定程度上提高了教学效率和质量，使得教学设计更加精准和高效。

2. 在实际教学过程中，智能教育机器人的引入极大地激发了学生的学习兴趣，其互动性和新颖性还为课堂增添了一种科技感和现代感，使得学生对人工智能的实际应用有了更直观的认识。与机器人的互动问答不仅帮助学生巩固了知识点，还激发了他们的探究精神和创新思维。本课在教学内容上深入挖掘了《六月二十七日望湖楼醉书》中的美学元素，包括古诗的韵律美、语言美，西湖天气变幻的意境美，以及苏轼的人格美和诗歌蕴含的哲理美。通过教师的引导和智能教育机器人生成的画面，学生得以从不同视角和层次欣赏诗歌，培养了观察力和想象力，提高了审美情趣。

3. 在课后的访谈中，教师表示很荣幸能使用智能教育机器人辅助授课，这种新颖的授课方式极大地提升了学生的学习兴趣，在课堂中尤其是"飞花令"游戏环节，通过人机对话能够帮助学生更有效地理解古诗所蕴含的哲理，由于古文本身就比现代文难理解，古诗的背景、意境及诗人所处的经历和情感等因素，使得这种深度的对话在传统课堂难以实现。智能教育机器人的引入很好地解决了这一问题，为学生提供了身临其境的学习体验，帮助学生更好地理解教学内容。关于智能教育机器人的发展预期，教师表示希望其情感支持功能更加丰富。

4. 在专家点评环节，专家 1 表示，课堂过程中动态化人工智能资源的生成、学生参与的机器人互动及现场答疑都非常出色。智能教育机器人的加入，极大地激发了学生的学习兴趣。专家 2 表示，智能教育机器人的引入创新了我们的传统教学，改变了师生关系、教学方式，同时给了教师一个创新机会，在语文创新课堂，智能教育机器人在培养形象、激发思维、语言表达能力及生活联系方面的应用表现尤为突出。

7.5 人机协同课堂教学实践：My Favorite Animal

7.5.1 案例设计

本案例基于生成式大模型设计了小学英语课程《My Favorite Animal》。这是一节典型的由人类教师和机器教师共同协作的人机协同双师课堂。课堂构成包括一位小学英语教师、一个实体智能教育机器人及 40 名小学五年级学生。教学内容为人教版小学五年级上册第三单元的《My Favorite Animal》，教学设计如表 7-5 所示。

表 7-5 《My Favorite Animal》教学设计

人机协同双师课堂教学设计			
教师：	年级：五年级	科目：英语	授课时长：
课题	My Favourite Animal		
课型	新授课 ☑　　章/单元复习课 □　　专题复习课 □ 习题/试卷讲评课 □　学科实践活动课 □　　其他 □		
教学内容分析	本节课的类型为会话课，分为三部分。A 部分的情境是 Binbin 和 Linda 正在画自己喜欢的动物，动物的一部分被遮挡，两人通过颜色、外形等特征互相猜测对方喜欢的动物。B 部分的情境是 Lily 和 Bill 玩猜对方喜欢的动物的游戏，猜测方需要不断提出问题，直到猜出答案。C 部分是书写部分，学生需要根据问题 "What's your favourite animal?" 在单线上书写答案，例如：My favourite animal is a horse		
学生分析	1. 年龄和认知发展 五年级学生的年龄通常在 10～11 岁，处于儿童中期阶段。他们的认知能力正在发展，能够进行较为复杂的思考和推理。这个年龄段的学生通常对新事物充满好奇心，热衷于探索和发现。 2. 语言能力 五年级学生的母语能力已经相对成熟，但对于第二语言英语，他们的水平可能参差不齐。他们对英语发音、语法和词汇有一定程度的掌握，但可能需要更多的实践来提升语言技能。 3. 学习动机 学生对于与机器人互动的学习方式充满兴奋和好奇。他们可能更倾向于通过游戏和互动活动来学习。 4. 社交能力 这个年龄段的学生通常喜欢与同伴互动，社交互动是他们学习过程中的一个重要组成部分。 5. 学习挑战 学生在描述复杂概念或进行深入讨论时会遇到困难，需要更多的支持和鼓励，以此提升他们的语言技能和自信心		
教学目标设计	1. 能够根据英文从动物的外貌和其他特点的描述中猜出别人喜欢的动物； 2. 能够用简单的英文根据动物的外貌和其他特点描述自己喜欢的动物； 3. 愿意尝试与他人包括机器教师用英文就喜欢的动物外貌和其他特点进行交流互动； 4. 能够根据机器教师的反馈适当调整描述方式，从而达到沟通目的		
学习重难点	学习重点：能够听懂关于常见动物的外貌和能力特点方面的简单英文描述，能够使用简单的英文描述自己喜欢的动物的外貌特征和其他能力。 学习难点：大胆地与机器教师沟通、根据机器教师的反馈适当调整描述方式，从而达到沟通目的		

续表

人机协同双师课堂教学设计		
教学过程设计		
环节一：热身导入——看图片说动物		
S	T	M
说出动物名称	播放动物剪影图	评价学生答案与发音
	播放动物身体部位图	
活动意图说明：通过看图说动物名称的热身游戏，激活学生对动物名称的记忆		
环节二：学习A部分对话		
S	T	M
听录音，回答问题	播放A部分的录音，提问：What are they talking about	评价学生的答案与发音
听录音，验证答案	播放录音，评价答案	
模仿录音，练习对话	播放跟读录音	评测并评价学生的发音
活动意图说明：利用多次听力任务进行语言输入，并利用机器教师完成发音评测，纠正学生的发音		
环节三：语言实践——动物画像		
S	T	M
观察并思考	用两三句简单的英文对机器教师描述自己最喜欢的动物及生活场景	机器教师根据教师的描述生成动物画像
组织语言说给机器教师听	巡视，及时帮助有困难的学生完成动物画像语言	机器教师根据学生的描述生成动物画像；收集所有同学的画像，生成动物画像墙；通过言语交互流畅度和画像准确性评价学生语言的有效性
活动意图说明：利用机器教师的图像生成技术或已有的图像数据库，为学生展示与喜爱动物相对应的图片及场景，并为下一个环节的活动做数据准备		
环节四：语言实践——动物谜语		
S	T	M
观察并思考	描述自己最喜欢的动物	根据教师的描述推测教师最喜欢的动物
提问机器教师，猜测其最喜欢的动物	巡视，提供及时帮助	与学生集体对话，描述自己最喜欢的动物
活动意图说明：以上一轮机器教师生成的图片为参考范围，猜测同学们最喜欢的动物。机器教师在本轮对话中不但可以以母语者的身份与同学们进行地道的英文对话，还可以根据学生的语言水平随时调整对话难度		

续表

人机协同双师课堂教学设计		
环节五：创新迁移——我最喜欢的动物歌曲欣赏		
S	T	M
通过说和写的方式表达自己最喜欢的动物及原因	鼓励学生表达自己最喜欢的动物及原因，针对学生的困难及时给予帮助	机器教师根据之前学生的描述创作《我们班最喜欢的动物》歌曲
欣赏歌曲	欣赏歌曲	播放原创歌曲《我们班最喜欢的动物》
活动意图说明：机器教师根据谜语和学生喜爱的曲风自动生成歌曲，增加语言学习的趣味性和韵律感		

教学评价	教学环节	活动内容	评价指标	评价标准	学生反馈	老师反馈	改进建议
	热身导入	看图片说动物	参与度	全班学生是否积极参与			
			正确性	学生答案的正确率			
			发音清晰度	学生英语发音的清晰度			
	学习A部分对话	Listen and think	听力理解	学生对话内容的理解程度			
			回答准确性	学生回答的正确性			
			发音准确度	学生模拟录音的发音准确度			
	语言实践——动物图像	老师示例	描述准确性	教师描述的准确性和完整性			
		学生实践	创造性	学生描述的创造性			
			语言准确性	学生描述的语言精确性			
	语言实践——动物谜语	教师展示人机互动	互动质量	教师与AI互动的质量			
		人机互动	学生参与度	学生与AI互动的积极性			
		生生互动	交流能力	学生之间的交流能力			
	创新迁移——我最喜欢的动物歌曲欣赏	表达我最喜欢的动物	表达清晰度	学生表达的清晰度和条理性			
		歌曲欣赏	歌曲创作质量	AI创作歌曲的质量			
			学生欣赏反应	学生对歌曲的反应			

教学反思与改进	有机器人参与的课堂对学生来说非常新颖、有吸引力。学生通过与机器教师的对话可以模拟与陌生人交流的语言环境，并且通过机器的反馈可以检测出学生英语发音的标准程度和交流的有效性。 但是机器教师目前只能完成一对一的人机对话，对环境声音要求比较高。在嘈杂环境中，机器人在语音识别上可能会存在挑战，交流效率也比较低。如何利用机器人提高学生的课堂开口率，进而提高上课效率，是我们下一步要思考和解决的问题

7.5.2 案例反思

为深入探究人机协同教育教学活动设计和实施的合理性与有效性。我们对英语教师、学生、技术支持人员进行了访谈。在此案例中，被访谈者认为智能教育机器人的出现既给英语课堂带来了机遇，也带来了挑战。本案例中智能教育机器人的角色以助教为主。主要帮助教师调用相关资源，并且通过与教师、学生进行交互，帮助学生提升英语学科相关的高阶思维。

从整体来看，英语老师与机器教师合作，流畅地用英语与学生交流，提升了学生的语言应用能力。机器教师利用其自然语言处理技术及语音合成技术，通过互动游戏、模拟对话等方式，增强了学生的英语听说能力。尤其是在猜谜语、歌曲创作等教学活动中，学生在愉悦的氛围中掌握知识，为学生创造了一个高效且有趣的英语学习环境。总之智能教育机器人的出现不仅能够提高教学的互动性和趣味性，还为学生提供了更加个性化的学习体验，有助于提升学生英语学科的核心素养。当然，智能教育机器人引入课堂也会带来一些挑战，如 AI 双师课堂的出现将会对教师角色进行重新定义、学生可能会对机器人过度依赖，以及在使用的过程中可能出现技术故障等问题。因此，持续推进人机协同教育需要平衡人机关系，确保机器人辅助教学的有效性。

从学生的反馈单来看，学生在课堂上通过与机器人互动，不仅巩固了对动物特征（如外貌、身体、颜色等）的描述能力，还结合课程中观看的动物图片内容，画出了自己心目中最喜欢的动物。这种互动方式极大地提高了学生的参与度，使学习过程更加生动有趣。频繁的互动使学生获得了更多帮助和新鲜感。尤其是在动物猜谜语环节，学生们表现出了浓厚的兴趣，这不仅增加了课堂的趣味性，也锻炼了学生的推理和思考能力。此外，学生们普遍喜欢有智能教育机器人参与的课堂，因为这样的课堂使得学生的学习体验更加丰富和多元。在这样的课堂中，学生们不仅希望与机器人进行英文对话，还希望机器人能够使用中文与他们进行交流，更多地参与到课堂的对话中。这表明学生们对于语言学习和文化交流有着更深层次的需求。从图 7-2 所示的学生反馈单，我们还能够看出，机器教师在课堂上给大家留下了深刻的印象，课堂融入的游戏化元素，也让学习变得更有趣。

从技术应用的角度来看，该案例展示了一个技术丰富的课堂。智能教育机器人在教学辅助方面展现了巨大潜力，通过自然语言处理和人工智能技术准确理解师生的指令及问题，并且以地道的英语发音进行回应，为营造沉浸式的英语学习环境提供了有力支持。流畅的人机交互不仅提升了学生的参与度，还帮助他们更好地理解和掌握英语知识。智能教育机器人在执行命令和播放教学资源时，其准确性和响应速度进一步增强了教学的流畅性和互动性。它能够快速调取相关的资源内容，为教师提供强大的教学支持。在实际的课堂应用中，智能教育机器人作为助教，不仅可以帮助教师管理课堂，还能够通过互动环节增强学生对学习内容的理解和记忆。机器教师给学生留下了深刻的印象。不仅提升了学生的参与感，还锻炼了他们的逻辑推理能力。

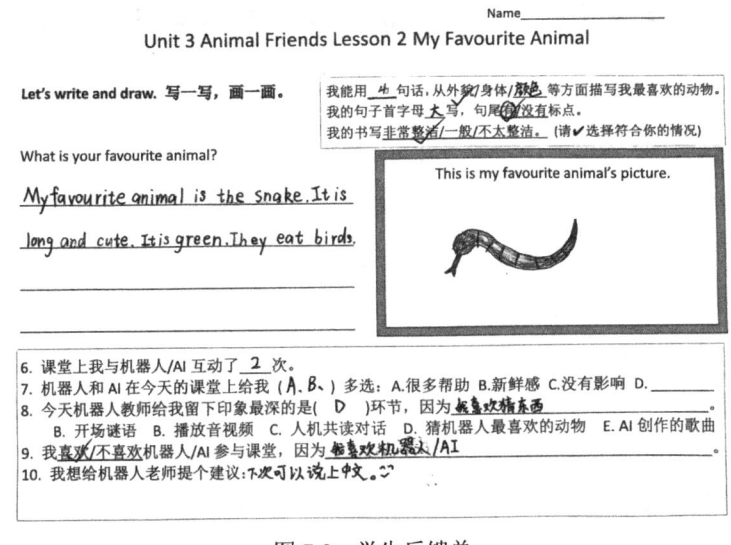

```
                                                    Name_____
              Unit 3 Animal Friends Lesson 2 My Favourite Animal

Let's write and draw. 写一写，画一画。    我能用 4 句话，从外貌/身体/颜色 等方面描写我最喜欢的动物。
                                        我的句子首字母 大 写，句尾 有/没有 标点。
What is your favourite animal?          我的书写 非常整洁/一般/不太整洁。（请 ✓ 选择符合你的情况）

My favourite animal is the snake. It is
long and cute. It is green. They eat birds.     This is my favourite animal's picture.

6. 课堂上我与机器人/AI 互动了 _2_ 次。
7. 机器人和 AI 在今天的课堂上给我（A、B、）多选：A.很多帮助  B.新鲜感  C.没有影响  D._____
8. 今天机器人教师给我留下印象最深的是（ D ）环节，因为 很喜欢猜东西
   B. 开场谜语   B. 播放音视频   C. 人机共读对话   D. 猜机器人最喜欢的动物   E. AI创作的歌曲
9. 我 喜欢/不喜欢 机器人/AI 参与课堂，因为 很喜欢机器人/AI
10. 我想给机器人老师提个建议：下次可以说上较。
```

图 7-2　学生反馈单

实践参考

扫码查看

第8章　人机协同教育的未来展望

随着智能技术的规模化发展，移动互联、云计算、物联网、人工智能、机器学习等前沿技术与教育深度融合，人类社会正逐步从信息化时代迈向智能化时代。人工智能已成为推动教育现代化、提升教育质量的关键力量。它不仅推动着社会各行各业的变革，也为教育领域注入了创新的活力与无限的可能。人工智能助力教育行业数字化转型，已成为我国教育发展的重要举措。

中国教育正稳步迈向教育强国的宏伟目标，内外部有利环境已然形成。然而，教育自身在数字化转型的过程中，既有优势与劣势，也面临着外部环境带来的机会与难以预知的挑战。我国教育在政策推动、技术积累和规模化应用等方面具有明显优势，但同时面临着地区差异、教师素质和技术应用水平不足等问题。此外，技术创新、应用需求的增长及国际合作等机遇为教育发展提供了广阔的空间，而技术风险、教育公平问题和法律法规滞后等不足也需要引起教育决策者和实践者的关注。因此，人工智能需要充分发挥自身优势、克服劣势，抓住机遇、应对挑战，以推动教育数字化转型，实现高质量发展[1]。人机协同教育的顺利推进，关键在于如何高效地整合政策优势、技术积累与市场需求，借助人机协同所带来的深刻变革力量，克服地域发展不均衡、师资能力差异等固有劣势。为了保障人机协同教育的健康有序发展，国家建立了相应的监管与评估机制，以确保人工智能技术在教育领域的合理应用。教师也需不断提升自身的数字素养与教学能力，以适应人机协同教育模式下的新要求。对于学生而言，人机协同教育则意味着学习方式的多样化和个性化。人工智能技术能够根据学生的兴趣、能力和需求，提供定制化的学习资源和路径，激发学生的学习兴趣和动力。同时，人工智能技术还能够实时评估学生的学习效果，提供精准的学习反馈与个性化指导，帮助学生及时调整学习策略，从而提升学习效率。

---

[1] 方海光，舒丽丽，王显闯，等. 生成式人工智能时代教育数字化转型的可能与可为——基于对Sora的思考[J]. 国家教育行政学院学报，2024（04）：69-75.

8.1 人机协同教育的未来新生态：
教师角色重塑与教学模式的创新

在人机协同的时代背景下，AIGC、大模型，以及新型"AI 人机协同双师课堂"等创新手段的出现和发展，正推动传统教学模式经历前所未有的变革与重构。这一变革对教师的教学提出了新的要求，要求教师掌握前沿的教学理念和技能，推动教学模式实现根本性转变。

在教学实践中，大模型能够协助教师及时、有效地处理和分析学生的学习数据，从而帮助教师了解学生的学习状态和能力水平。在此基础上，教师可以与大模型协同工作，灵活调整教学策略，实现因材施教。在教学设计方面，AIGC 可以辅助教师设计教案与试题，极大地节省教师的时间成本。例如，教师在进行游戏化教学时，AIGC 可以依据教学主题、目标及课程知识点，设计教学游戏，助力教师高效完成教案设计。在教学内容方面，AIGC 能依托其强大的高质量数据集，帮助教师生成丰富多样的课程教学材料。有效减轻他们的工作负担，进而使教师有更多时间关注学生的个体差异，提供有针对性的指导，有效提升教学质量。此外，在课堂教学中引入助教机器人，与教师协作形成新型"AI 人机协同双师课堂"，实现教育教学过程的智能化、个性化和交互化[1]。

8.1.1 人机协同时代教师应具备的协同素养

教师作为数字教育的核心角色，其协同素养和能力对推动教育的创新与发展至关重要。提升教师的协同素养是数字教育的必然要求。教师需要具备熟练的技术应用能力，利用智能技术进行教学设计、实施和评价。人机协同强调人类与机器之间的紧密合作，通过信息技术与教师教学的深度融合，实现教学过程的优化和创新。教师可以借助智能教学系统、在线学习平台等工具，与学生进行实时互动，提供精准指导，提高教学效果和学生的学习体验。

在教育领域的飞速发展中，教师面临的挑战和机遇并存。尤其是"AI 人机协同双师课堂"模式的兴起，这一新兴的教学模式不仅要求教师精通传统的教学方法，还需要他们深入理解并熟练运用辅助教育工具。这些工具，如智能教育机

---

[1] JOHNSON L, ADAMS S, CUMMINs M, et al. NMC horizon report: 2016 higher education editionl[R]. Austin, Texas: The New Media Consortium, 2016:46.

器人、智能分析平台和大数据处理系统等，已经成为现代教学环境的重要组成部分。它们能够优化学习过程，并通过数据分析帮助教师更好地把握学生的学习状况和需求。

为了有效实施这种新型教学模式，教师不仅需要掌握如何操作这些先进的技术和工具，更重要的是理解这些先进技术如何改变传统的教学和学习方式。学习如何将这些技术有意义地融入教学设计，以及如何利用这些技术营造一个富有互动性、个性化的学习环境。

随着多媒体技术和可穿戴设备等新型教学工具的涌现，教师还需熟悉这些工具的使用方法，以便充分利用其在提升教学质量和效率方面的潜力。这要求教师保持开放的心态，积极主动地探索并实践新的教学方法和技术。通过持续的学习和尝试，教师可以将这些先进技术和工具自然地融入日常教学活动，与人工智能伙伴密切协作，共同打造一个充满活力、满足每个学生个性化需求的学习环境。这种持续的自我更新和技术融合过程，不仅能够显著提高教学效果和学习效率，还能增强学生的参与度和创新能力，推动教育向更加现代化和智能化的方向发展。

智能教育机器人的有效应用，对教师提出了更高的要求。教师不仅要熟知传统的教育理念和方法，还需掌握一定的人机协同技能，能够与智能教育机器人进行有效的协作，充分发挥其辅助作用[1]。这不仅意味着教师要提高对人工智能技术的理解和应用能力，还要能指导和监督教育机器人的应用，确保其能真正地为学生的学习服务。

因此，为了充分发挥智能教育机器人在教育中的作用，对教师进行专业的人工智能相关培训，提升他们的协同数字素养是必要的。这包括了解人工智能的基本概念和原理，掌握如何与智能教育机器人协作的方法，以及学会在教学中合理运用人工智能技术。教师协同数字素养的提升，对整个教育系统的现代化进程和学生的未来发展具有深远影响。

8.1.2 教学模式的创新与变革

随着人机协同时代的到来，教学模式正经历一场深刻的变革。在传统教学模

---

[1] 张旭，满文琪，孔新梅，等．人工智能助教机器人中小学课堂应用模式及效果评价模型构建研究[J]．中国现代教育装备，2023（24）．

式中，教师占据绝对的中心地位，学生处于被动接受知识的状态。随着人机协同教育教学的兴起，这一模式逐渐演变为以学生为中心、以问题为导向、以项目为载体的新型教学模式。

AIGC 的广泛应用，如文生图、图生图、文生视频等工具，正以前所未有的方式革新传统的课堂教学方式。这些工具凭借深刻且全面的视频展示能力，将复杂抽象的知识概念转化为具象化和可视化的内容。在情境化学习、跨学科学习、主题性学习、项目式学习和学科实践等多种教育场景中，AIGC 展现出了显著的优势。例如，在历史学科的教学中，教师可以利用 AIGC 构建逼真的历史场景，让学生身临其境地体验历史事件的发生，从而加深对历史知识的理解。在数学学科的教学中，抽象的几何图形可以通过 AIGC 的动态展示变得生动直观，帮助学生更好地理解和掌握空间概念。这些工具的使用极大地提升了学习的互动性和吸引力，使学生在更具真实性和互动性的环境中进行学习，从而显著提高学生的学习效果。

人机协同教育模式革新了师生互动的方式。在过去，师生间的交流受时间和空间的限制，导致反馈具有滞后性。如今，教师借助智能教学工具能够与学生进行即时互动和反馈。当学生在学习过程中遇到疑问和困惑时，教师可以第一时间给予解答。此外，学生也能够借助这些工具主动与教师进行交流和分享。例如，在在线学习平台上，学生可以随时留言提问，教师能迅速回复；学生还能分享自己的学习心得和成果，教师则能及时给予鼓励和指导。这种新型互动模式使师生关系更加紧密和谐，有效激发了学生的学习兴趣，提高了其参与度，从而促进教学质量的提升。

8.1.3 教师主体责任定位与角色转变

（1）注重"育人"层面的教研活动

教师不再仅仅是知识的传递者，更是价值观念的引领者、情感的导师和创新的启发者。智能教育机器人能在一定程度上模拟教师的教学行为，但它们无法真正理解学生的内在需求。机器人无法感知学生的情感变化，也难以根据学生的情感状态灵活调整教学策略。而教师能够通过直接的面对面交流，观察学生的表情、语气和行为，更好地掌握学生的情感需求和学习状态。这种情感的交流和共鸣能力是机器无法复制的，其对于建立师生的信任感、激发学生学习兴趣和促进学生个性发展具有至关重要的作用。

此外，面对复杂多变的社会现实和人类文化，教师能够结合自身的经验和见解，引导学生进行深层次的思考和探讨。例如，在讨论历史事件时，教师不仅能够提供事实信息，还能引导学生从多个角度审视事件，培养其批判性思维和多元文化理解能力。这种深度的思考和价值引导是当前人工智能难以实现的。随着社会对创新能力的需求日益增长，教育的目标也在逐步转型，从单纯的知识传授转向能力培养与个性发展。在此过程中，教师的作用愈发不可替代。教师不仅要传授知识，更重要的是激发学生的创造力、批判性思维和解决问题的能力。这要求教师具备丰富的教学经验和深厚的学识底蕴，并能设计出充满挑战性的学习任务，引导学生主动探索、合作交流和创新实践。

为了适应教育变革，学校需要开展新型"AI人机协同双师课堂"等教研活动，旨在帮助教师适应其职能的转变，并探索人机协同的有效分工模式。在新型"AI人机协同双师课堂"模式下，智能教育机器人和教师协同合作。智能教育机器人负责处理一些重复性较高的知识传授任务，而教师则专注于学生核心素养的培养、价值观的塑造、情感态度的引导和创新能力的激发。这种模式不仅能够提高教学效率，更重要的是促进学生全面发展，为其未来的学习和生活打下坚实的基础。

智能教育机器人的发展为教育领域带来了新的可能性，但教师在培养学生核心素养方面的价值是不可替代的。未来的教育应是人机协同的，利用人工智能技术的力量释放教师潜能的同时，强化教师在人文关怀、价值引领和能力培养方面的核心作用。这不仅需要教师不断提升自身的专业素养和技术能力，同时需要社会各界共同努力，为教育提供充分支持和丰富的资源，共同培养出既具备扎实知识基础又具有创新精神和社会责任感的未来公民。

（2）培养学生"人机协同"的意识和能力

在"人机协同"成为主流的教育场景中，教师肩负着培养学生与人工智能协同工作意识的关键责任。教师在引导学生掌握知识的同时，还需培养其与人工智能协同工作的能力。教师通过将人工智能教育产品和活动有机融入课堂教学，不仅能提高学生的技术适应能力，还能激发他们的创新思维，为学生在未来社会中的成功奠定坚实的基础。教师应定期组织学生参与人工智能相关的实践活动，如编程比赛、智能机器人制作和人工智能项目解决方案挑战等。这些活动不仅让学生在实践中学习和应用人工智能知识,还能够使学生亲身体验与机器协同工作的过程,从而建立起对科技的信心和兴趣。通过实践活动,学生能够了解人工智能的最新发展趋势,学会如何在多种情境下有效地与智能设备交互。此外,教师应鼓励学生以批判性思维接触和分析人工智能技术,引导学生深刻理解人工智能的潜在限制和伦理问题,帮助他们建立起责任感和道德观念,确保其对技术的积极应用。

人机协同教育不仅仅是一种教育模式的更新,更是对学生综合素质培养的全面深化。教师的角色是至关重要的,他们不仅需要掌握先进的技术,更要引导学生正确理解和接纳人工智能,培养他们在未来与机器智能共同工作和生活的能力。

8.2 人机协同教育的未来新生态: 学生学习模式与学习路径的创新

8.2.1 适应人机协同模式下的学习环境

人机协同课堂教学中协同环境为学习活动的开展提供了多模态交互与数据流转的数字连接,构成了师生认知分布和延展的具身学习环境。首先,人机协同的学习环境是支持教学过程的客观条件。从空间维度看,它实现了物理空间、信息空间和社会空间的三元融合;从时间维度看,它支持了知识和资源的同步和异步传递;从工具维度看,VR、AR、平板等智能终端及传感器等技术,结合了人工智能、大数据、物联网、数字孪生等前沿科技,为教学过程的开展提供了坚实的客观条件。其次,协同学习环境为课堂要素间的交互关系奠定了基础,形成了相应的结构保障,打破了传统课堂的结构限制,能更加便捷地提供各种人性化的交互体验,促进课堂要素间的相互作用,加速数据流转,促进课堂要素间的强关联。最后,多模态大模型的融入为学生的学习体验带来了质的飞跃,助力学生具身认知事物,创造沉浸式的学习环境。协同环境是人工智能的具体体现,更是师生认知分布与延展的具身设备。例如,借助 VR、AR 等智能终端的可视化设备,可以创设一种虚拟仿真的沉浸式学习环境,将教师的认知表征嵌入技术产物上并传递给学生,拓展到学生认知的信息加工过程中。在人机协同学习模式下,学生可以参与基于真实情境的项目式学习任务，通过团队合作和机器辅助共同解决问题。这种学习方式能够培养学生的实际应用能力和创新意识。

8.2.2 人机协同时代学习共同体的建立

人机协同教育鼓励学生、教师及人工智能共同构建学习共同体，通过互相交流、讨论和分享经验，共同成长和提高学习效果。学习共同体能够为学生提供更丰富的学习资源和有力的支持。

人工智能与教育的融合为学习共同体的构建提供了新的可能性。人工智能技术的应用推动了教育的规模化、个性化和智能化，提出了从"机器教人"向"人机共生"的知识创造性发展的需求。人机学习共同体的构建，围绕隐性知识和显性知识之间的转化，形成了学生与机器教师的共生关系。通过共同化、表征化、联结化和内在化等知识转化过程，持续促进知识创造[1]。在人机协同时代，学生可以通过构建学习共同体来进行协同学习。学生与同学、教师组成学习共同体，相互支持、协作与交流，共享学习资源和经验。借助在线协作平台、学习管理系统等人工智能工具，促进共同体成员间的便捷沟通、协作和分享，如进行小组讨论、完成项目任务、分享学习资料等。学生将个性化学习与共同体学习相结合，利用人工智能技术制订个性化学习计划，并在共同体中交流分享，不断完善自身学习。在学习共同体中学生共同解决问题，针对学习中遇到的问题进行探讨。人工智能提供知识和信息，帮助学生理解问题并探索解决思路。此外，还可组织合作学习项目，学生分工合作完成具体任务，培养团队协作精神和实践能力。共同体成员之间相互提供反馈和建议，借助人工智能工具记录的学习过程和成果进行反思，改进学习方法和提高学习效果。人机协同时代为跨学科学习提供便利，学生在共同体中与不同学科背景的成员交流合作，整合知识，拓宽视野，培养创新思维。随着虚拟现实、增强现实等技术的发展，学生在虚拟学习环境中也能与共同体成员互动，如在虚拟实验室中进行共同实验、在虚拟课堂讨论交流等。结合学习共同体，学生能更好地在人机协同时代进行协同学习，发挥人工智能的优势，提高学习效果和综合素质。

---

[1] 李海峰，王炜. 人机学习共生体——论后人工智能教育时代基本学习形态之构建[J]. 远程教育杂志. 2020，38（02）.

8.3 人机协同教育的未来新生态：教育评价过程与体系重构的创新

人机协同教育评价结合人的主观判断和人工智能的数据处理能力，可创造出更高效、准确和个性化的教育评价体系，从而推动决策优化、增强教育效果和提升服务质量[1]。在人机协同时代，教育评价体系的构建是一个动态、互动和多维的过程。它依赖教师的专业指导、人工智能的精准分析和评价体系的创新设计。

8.3.1 教育评价中教师的角色

在人机协同时代，教育评价领域因人工智能技术的深度融入而发生了颠覆性变革，教师在其中所承担的角色愈发多元且关键。

教师首先是评价标准的精准制定者与动态校准者。借助大模型和提示工程等先进技术，教师能深度剖析教育目标与学生发展需求，构建出合理、科学且全面的评价体系。这一评价体系不仅精准度量学生对知识的掌握程度，还包括对其思维能力、创新能力、协作能力等综合素养的全面考量。此时，面对人工智能在评价中提供的海量数据与深度分析，教师需运用专业知识和敏锐洞察力对评价标准进行适时校准，以确保评价的准确性和公正性。

教师是多元评价方法的创新实践者。除了使用传统的考试和作业评估手段，教师也应积极主动地采用由人工智能催生的新技术与新工具，如基于大数据的学习行为分析、智能模拟测试等。通过人工智能技术挖掘学生在线学习平台的学习时长、参与讨论的活跃度、知识点的重复学习频次等数据，教师能从多维角度对学生的学习进行全面且深入的评价，为学生的学习进程提供学习画像。

在情感与价值观评价方面，教师是主导者。尽管人工智能能通过量化手段评估学生的学习表现，但对于学生的情感状态、学习态度、价值观等深层次特质的评价，教师的作用不可替代。通过与学生的日常互动交流，以及观察其课堂表现与其在小组活动中的协作情况，教师能捕捉学生的情感波动和价值取向，进而给予及时、恰当的引导与激励。

教师是个性化评价的精心实施者。利用人工智能提供的关于每个学生的详尽

---

[1] 宛平，顾小清. 生成式人工智能支持的人机协同评价：实践模式与解释案例[J]. 现代远距离教育. 2024（02）.

个体数据，教师能为学生量身定制个性化的评价方案。针对学生的优势与不足，教师能给出精准且极具针对性的反馈和建设性建议，助力学生明确自身的进步方向，并深度激发其学习的内驱力。

教师是评价结果的专业解读与有效反馈者。面对由人工智能生成的海量评价数据和复杂报告，教师需具备强大的数据解读能力，运用专业技巧将晦涩的数据转化为学生易于理解和接受的信息。以清晰、明确且富有建设性的方式向学生传达评价结果，使学生清楚地了解自身的优点与可提升空间，促进其持续地自我优化。

教师是评价伦理的坚定守护者。在人机协同的评价过程中，数据的安全防护、学生隐私的严格保护、避免评价结果的不当运用等方面，都离不开教师的严格监督。

在人机深度协同的时代背景下，教师在学习评价中扮演着多维度的核心角色。通过与人工智能的紧密协作，教师能够为学生提供更全面、精准、个性化的评价，有力推动教育评价朝着更科学、高效和人性化的方向稳步迈进。

8.3.2 人工智能在评价中的作用

在智能评价领域，人工智能通过自然语言处理、图像识别等技术，实现对学生学习成果的自动化、客观性评价。传统的教学评测工作要求教师投入大量的时间和精力进行试卷批改、成绩统计等繁琐任务。而人工智能的应用可以自动完成这些工作，快速生成评价结果。相比人为评价可能存在的主观性和误差，人工智能算法不受情感和个人偏好的影响，能够依据预设的标准和模型，更加客观、准确地评价教学和学习效果。

人工智能通过收集和分析学生的学习数据，生成个性化的评价报告，为教师和学生提供精准的学习反馈。评价报告包含学生的学业成绩，涵盖学习态度、学习习惯、学习难点等多个维度，帮助教师和学生全面了解学习状况，制订针对性的学习计划和教学策略。

人工智能还能够辅助教师进行教学决策。通过对学生的学习数据进行分析和挖掘，人工智能技术能够发现学生的学习规律和潜在问题，为教师提供科学、合理的教学建议和改进方案。这些建议有助于教师更加精准地把握教学重点和难点，优化教学设计和实施过程，提高教学效果和质量。

8.3.3 评价体系的重构与优化

(1) 多元评价主体的参与

在传统教育评价体系中，教师是唯一的评价主体。而在人机协同教育系统下，评价主体更加多元化。教师依据教学经验和对学生的深入了解，对学生的综合素质进行判断和评估。同时，学生也成为评价的主体之一，通过自我反思和自我评价，更清晰地认识自身的学习进展与不足，从而激发内在的学习动力。

人工智能技术在评价主体中占据重要位置。借助强大的数据分析能力，如基于大模型的算法，能够对学生的学习行为、知识掌握程度等进行客观、精准的量化评价；利用提示语工程优化的在线学习平台，可以根据学生的答题情况、学习时间等数据，给出关于学习习惯和效率的评价。语言大模型也在其中，为学生的写作提供初步的评估和建议。

家长和同学也能参与到评价中。家长能从日常生活中观察到学生的学习态度和习惯变化，提供独特的评价视角。同学之间的互评，则能从不同角度反映学生在团队合作、交流沟通等方面的表现。这种多元评价主体的参与不仅丰富了评价视角，也增强了评价的客观性和公正性。

(2) 评价过程的透明化与互动性

人机协同技术的应用使得评价过程更加透明，更具互动性。智能系统能够实时记录学生的学习过程和表现，并通过可视化的方式这些信息呈现给评价主体。评价主体之间也可以通过在线平台进行交流和讨论，分享评价经验和见解。这种透明化和互动性的评价过程有助于增强评价的公正性和可信度，同时促进评价主体之间的合作与资源共享。

(3) 评价结果的全面性与发展性

传统教育评价结果往往局限于一个简单的分数或等级，难以全面反映学生的综合发展情况。人机协同教育评价借助人工智能技术，使得评价结果更加准确、丰富和个性化。评价结果不仅包括量化的数据，如成绩、作业完成率等，还涵盖对学生学习过程的详细描述、能力发展的深度分析，以及基于大模型预测的对未来的学习建议。

人工智能技术通过大数据分析和大模型算法，为学生生成详细且精准的学习报告，指出其优势和薄弱环节。教师则根据这些报告，结合自己的观察和判断，为学生提供更具针对性的发展建议。以语言学习为例，评价结果不仅会呈现出学生的语言水平等级，还会基于大模型对其听说读写各项能力的发展情况进行深入分析，并评估其在不同语境下的运用能力。人工智能生成的生动具体的评价描述，为学生的学习提供精准的方向。

8.4 人机协同教育的未来新生态：教育治理转型与决策智能的创新

在人机协同这一崭新的时代背景下，教育管理正经历一场前所未有的变革。人机协同以人工智能、大数据、云计算等技术的深度融合为特征，为教育管理提供了新的视角和工具。这一变革深刻影响着政策制定、资源配置、教育治理及决策支持等多个方面。

8.4.1 政策引导与支持

人机协同教育的蓬勃发展，有力推动了教育政策与管理体系的深刻变革。政府不仅出台了一系列旨在推动教育数字化转型的政策举措，如"'智慧教育示范区'创建项目""教育信息化2.0行动计划"等，还加大了对智能教育技术的投入与支持，确保技术更新与应用的持续性。这些政策与资金的双重保障，为人机协同教育的发展提供了坚实的后盾。在技术和人才储备方面，我国拥有众多顶尖科技人才，在云计算、大数据、人工智能等领域积累了丰富的研究基础和应用经验，为教育数字化转型奠定了坚实的技术基础。此外，我国积极参与国际教育数字化合作，与其他国家共同分享经验和技术，这有助于引进国际先进的教育理念和技术。

在政策引导方面，我国还需进一步完善法律法规与战略规划，以确保技术发展与社会伦理、隐私保护相协调，为人机协同提供坚实的制度保障。首先，要保证学生的个人信息安全。学生在接受人机协同教育过程中产生的大量数据，如学习轨迹、兴趣爱好等，必须得到严格的保护，禁止泄露、滥用或者篡改。其次，要明确收集和使用学生数据的目的与范围。在涉及学生隐私的情况下，任何数据的收集和使用都必须遵守法律法规，并且要得到学生及其家长的明确授权和同意。学校和相关机构也应为学生提供保护个人隐私的知识和培训，以增强学生保护自身隐私的意识和能力。最后,要加强技术手段的保障。针对人机协同教育的特点,教育管理部门应建立健全数据管理制度和技术安全保障体系,采用加密、匿名化、去标识化、脱敏等技术手段,尽可能减少学生个人信息的泄露风险。对于教育大模型的应用,需要健全人工智能技术应用于教育相关领域的法律法规。尤其是人机协同教育产品研发的组织和机构,更要有相关的严格的监管机构、法律和体制进行保障。同时,对于不法分子盗取相关教育信息的惩处也应加大力度。

8.4.2 教育资源的高效配置与管理

国家教育服务平台在推动教育数字化转型中发挥着重要作用。强化国家教育服务平台的建设不仅是教育现代化发展的必然要求,也是实现教育均衡发展的重要途径。建立统一的教育资源平台,是实现优质教育资源共享和均衡分配的关键举措。通过整合全国各地的教育资源,包括课程、教材、师资等,打破地域限制,让优质教育资源覆盖更广泛的地区和学生群体,以缩小城乡、区域之间的教育差距,提高整体教育水平,进一步促进教育公平。数字化转型有助于优化教育资源的配置,打破地域、学校、学科之间的壁垒,实现教育资源的共享和互通,不仅能够提高教育资源的利用率,还能够促进教育公平,缩小教育差距。对于偏远地区而言,人工智能的应用意义将更为重大。由于地理位置的限制,偏远地区难以获得优质的教育资源,而各类人工智能技术的出现,打破了这一地域限制,使偏远地区的学生也能够享受到与城市学生同等甚至更好的教育资源。通过人工智能的应用,偏远地区的学生可以接触到前沿的知识、丰富的案例和多样化的学习方式,从而在一定程度上缩小与城市学生的教育差距。

从学校层面来说,各校之间应建立合作互助平台,促进教育资源的共享。每所学校都有独特的教育资源,包括先进的教学设备、优秀的教师团队及丰富的教学经验。通过合作互助平台,这些资源可以得到充分展示和交流,使其他学校能够借鉴和学习。这不仅有助于缩小校际教育差距,还能提高整体教育水平。

通过数字化手段,教育机构可以更加精准地了解学生的学习需求和进度,从而为学生提供更加个性化的学习资源和建议,这不仅提高了学生的学习效率,还有助于实现教育资源的优化配置。

8.4.3 教育治理体系的现代化转型

在教育教学治理层面，人工智能技术以其强大的数据处理能力，为教育决策提供了更为科学、精准的数据支持。通过对教育数据的深度挖掘与分析，能够揭示教育过程中的潜在问题，为政策制定者提供决策依据。同时，基于人工智能技术的实时监控和预警功能也有助于教育部门及时发现并应对教育教学中的异常情况，从而提升教育治理的效率和精准度。

学校作为教育的主要场所，其生态重构对于实现数字化转型和科学治理优化具有至关重要的作用。随着信息技术的飞速发展，传统的教学模式和管理方式已难以满足当今社会的需求。因此，必须积极推动学校教育生态的重构，实现科学治理的优化。优化教学生态是学校教育生态重构的关键环节。通过建立灵活多样的教学组织形式，可以满足不同学生的学习需求，激发学生的学习兴趣和学习积极性，如引入项目式学习、小组合作等新型教学方式，让学生在实践中学习、在合作中成长；同时，利用信息技术手段，如在线教育平台、智能教学系统等，打破时空的限制，为学生提供更加便捷、高效的学习体验。优化教育资源是学校教育生态重构的重要方面。通过整合校内外优质教育资源，包括师资力量、教学设备、课程资源等，可以为学生提供更加丰富、多元的学习选择；此外，加强学校与高校、科研机构等的合作与交流，可以引进先进的教育理念和教学方法，提升学校的整体教育质量。优化管理模式是学校教育生态重构的必由之路。通过引入先进的管理理念和信息技术手段，可以提高学校管理的效率和质量，如建立数字化管理平台，实现教学、科研、学生管理等各项工作的智能化、精细化；加强学校与家长、社会的联系与沟通，形成教育合力，共同推动教育的发展。

8.4.4 教育决策的智能支持

随着人工智能技术的快速发展，其在教育领域的应用也日益广泛。通过强化人工智能在教育场景中的运用，可以实现教育服务方式的转型升级。从决策者角度来说，可以利用人工智能收集和分析大量的教育数据，为教育决策者的决策提供科学依据，通过数据挖掘和机器学习来发现教育中的问题和不足，优化教育资源配置，提高教育质量。教育数据是反映教育现状和发展趋势的重要信息，通过对数据的收集、整理和分析，可以深入了解教育发展的实际情况，发现存在的问题和瓶颈，为政策制定提供有针对性的建议，帮助政府和教育部门更加精准地制定教育政策，推动教育均衡发展。

人工智能时代的人机协同融合了人工智能"机器"的逻辑和"人类"的意识，有利于推动教育信息化的高阶应用，促进教育的结构性变迁[①]。随着AIGC、大模型等人工智能技术的不断进步，教育的最终形态将趋向于人机协同。人工智能的应用将使教育更加智能化和个性化，教师和学生之间的互动将更加紧密和高效。通过人机协同教育模式，可以为学生提供更加全面、深入的学习体验，促进其全面发展。同时，教育管理将变得更加智能化和精细化，以应对日益复杂的教育环境和挑战。

实践参考

扫码查看

---

① 方海光，孔新梅，李海芸，等. 人工智能时代的人机协同教育理论研究[J]. 现代教育技术. 2022, 32（07）.